U0024965

生命的禮物

超越自我重生涅槃之旅

eleven

壹靈雯 著

推薦序一

首先恭喜阿雯完成了這本血淚交織的生命之書，也感謝宇宙在我對雙生旅途窮途末路之時對我拋下了阿雯這一盞明燈。感謝她，帶著大夥以智慧及勇氣一路破解雙生火焰這牢固深沉的業力枷鎖，不僅助我走向覺醒也如同書名《生命的禮物》般讓我打開了隱藏在我此生當中大大小小的禮物，相信這本書也會是正在閱讀的你生命當中的大禮。

拜讀完本書後深深感受到筆者對生命的不求甚解與韌性，真誠的以自身從小到大的經歷爲我們演示了在人生洪流當中，如何成爲自己生命的掌舵者，帶著這份求知慾望及求生本能，一步步過關斬將找出蘊藏在生命中的高維密碼。文中阿雯也以自身看似平凡卻又不凡的歷程，逐步證悟了那些大家耳熟能詳卻又一知半解佛法智慧，原來當人們仰望星空求道求解的同時，智慧及答案就藏在我們腳下所踏出的每一個選擇與步伐裡。在咀嚼文字同時我也重新細細品味了自己的人生，試著以筆者高維度思維更深入探求每一個起落中所要帶給我的智慧。

最後還是要感謝這本書的誕生，也感謝阿雯從獨善其身擴展到以自身所學向世人傳播高維

智慧的過程，除了銘感於心也深表佩服，在此祝福所有讀者皆能領略書中所要帶給你生命之禮。

無憂2023/4/13

推薦序二

初識阿雯，是從她的影片開始的。星盤、塔羅牌、紙牌，不同神祕學的工具被她講解得很透徹，最爲重要的是，她的觀點和建議一直都是落地三維，一針見血地指出要害，眞實且犀利地彷彿可以看穿我的靈魂。當時的我在原生家庭、工作和感情方面都有不如意之處，彷彿一只無頭蒼蠅，無處尋找出口，而阿雯的指導，給我開啟了一扇學習高維智慧的大門。

經由阿雯通俗易懂、貼切生活而又精妙絕倫的比擬，以及言傳身教的實事分享，我逐漸意識到，所謂的高維智慧並非是高不可攀、虛無縹緲的經文，眞正的智慧其實就是在「入世」中去覺察去修行，什麼是「自愛」、什麼是「無條件的愛」，什麼是「尋找眞實的自我」？

雖通過幾次見面聊天，大概知曉阿雯的過往，但讀完《生命的禮物》後才知全貌。我感動於阿雯的坦誠和眞實，願意將自己的故事毫無保留地分享出來；感慨於阿雯的智慧，如何從遇到的每一個人，和發生的每一件事的背後，自我剖析因果，再在生活中證悟；感恩於阿雯的無私，這本書就像一面鏡子，每個人都可以從中照見自己，反檢自身。

所有的問題都要回歸自身，同時我們每一個人，有義務也有責任去提升自身的意識維度，並且影響更多的人。當我們走在自己的靈魂道路上，身邊的人也會走在他們要走的道路上。我深知，這條道路雖遠不及康莊大道般平坦，但是它勝在眞實，是用愛和心去做的選擇。並且這條道路上有同頻的靈魂家人攜手同行，我願和大家一起欣然和勇敢地迎接生命給予的每一份「禮物」。

心語2023年4月14日

推薦序三

這是一個你不可不信的宇宙法則，是朋友阿雯親身經歷的拆解命運難題的曼妙之旅。

《生命的禮物》這本書不是普通的自傳記錄，可以說這是作者阿雯花了小半生時間去用證悟更改命運的勵志故事。當我們的生活在日益富足與便利中加速時，並不會有很多人真正關注和

傾聽自己內心的聲音，時刻保持自我意識察覺的敏感度，但是善於思考的阿雯做到了。當她拿到自己的人生劇本後開始對這個出廠設置存疑並一直發問，到逐步解惑的所有心路歷程。我們看到的是一個集智慧、勇氣、自愛和責任於一身的現代獨立女性，如何衝破業障，爲追求健康的親密關係，幸福的家庭生活去爭取權益，這值得我們所有人敬佩與學習。而更難能可貴的是，她將自己經歷的這些做了梳理，歸納出一個高於我們現代生活體系的宇宙法則，並進行傳播，希望喚醒那些正在經歷痛苦的人一起走出原有的人生劇本，接收宇宙源頭愛的能量，爲自己創作一份生命的禮物。

貝拉2023年4月15日

推薦序四

有幸得以提前閱讀《生命的禮物》，感受頗多，受益匪淺。書中用接近於生活的實例舉證說明，深入淺出的向我們普及了何謂高維宇宙。意識維度一如文中所述，每一個維度都是更高維度的橫截面，低維能量是高維能量的投影，我們當下的生活亦是如此。愛因斯坦曾說過：「科學的盡頭是神學」，爲什麼呢？本書的「高維科普篇」給出了作者的理解，反覆閱讀即可了悟。

全文閱讀完畢後，回頭再看看書的標題，是啊，的確是生命的禮物，它蘊藏著作者無限的心路歷程及力量。人生的功課需要親力親爲，經過理悟、體悟、證悟不斷勇往前行。未經歷風雨，何以見彩虹；不經一番寒徹骨，怎得梅花撲鼻香。人生的旅程，會有跌倒、會有碰撞、會有失望、會有困惑，作者坦誠的剖析自己所經歷的艱苦人生路，簡單樸素的語言，裹挾著無窮的勇氣、無盡的智慧，撼動人心。感謝阿雯無私的分享，反求諸己，這份「愛」，將照見在我往後每一天的人生道路上，時刻警醒自己。

每當人生的困苦襲來，滿心的「爲什麼」不得解時，放平心態，仔細閱讀《生命的禮物》，你會從作者的文字與意識中獲得衝破困苦

的勇氣及智慧，這亦是我所獲所得。同時，建議關注作者的公衆號「壹靈雯De宇宙」，每一篇文稿都注入了作者道不盡的意識與大愛。再次感恩，人生路漫漫，願大家早日突破迷障，向陽而生，勇敢的走在愛的靈魂道路上。

娃娃

推薦序五

首先，很開心有幸提前拜讀了阿雯的新書。與阿雯結緣始於一年多前尋求雙生破局的靈性幫助。

在此之前，我在身心靈療癒領域探索了小段路程，學習了一些不同派別的方法，也深刻有感於各位靈性上師已充分詮釋了萬法歸一、回到當下的主旨。那麼落實在雙生功課中，這些理論如何幫助我們呢？這個問題在遇到阿雯後，得到了充分並深入的解答。阿雯取各家之所長，著眼於幫助諮詢者在理悟學習、體悟理解的基礎上，通過行爲的證悟，實實在在生出內在力量，並在三維生活中顯化出全新的生活。經由阿雯的幫助，我也在一次次行爲突破後，走出雙生困局，並非常開心與阿雯在交流學習中建立了深厚的友誼。

很多在修心的朋友，可以多少理解人生是一場旅程，我們帶著靈魂想要體驗的課題行走於地球上。雖然如此，卻也會有多時，我們很難覺察靈魂的考題如何設置，亦或不解命運爲何會有這般安排，曾經的際遇、周圍的人、當下的事到底想教給我們什麼道理。在這本書裡，阿雯用她自身的經歷，爲我們一一呈現，深入剖析，在她一路走來的各個重要階段，靈魂家人（外在環境）如何運作，那些經歷帶給了她怎樣的感受，業力意識如何在各個階段觸發、形成，又是如何影響著後來的行爲和生活，而她又是如何在生活的磨礪中自我救贖，學會照鏡子、找原因，反求諸己，不斷磨煉自己的意志和智慧；不僅擺脫業力模式，拉自己走出雙生泥潭，並實現開悟重生，開創自己的靈性療癒事業。

阿雯用自身的經歷，呈現了識別愛、學習愛，並成爲愛、傳播愛的典範。我由衷地希望這本記載了阿雯心路歷程的書，可以幫助更多讀者覺察自己的生活，點亮內心的明燈。

緣起

決定提筆開始寫這本書，是偶然也是必然，博主做了一年有餘，粉絲積攢數千，慚愧不堪，增益甚少。我很少在影片中提及關於自己的故事，因爲不愛多言，也不喜展示自己。這是我的性格特點，有優勢的方面，也有弊端的部分，使得一些想要瞭解我的朋友，無從而知。於是寶濟光建議我，需要把自己故事整理分享出來。

起初，我是猶豫的。第一，當時我還停留在獨善其身的低覺悟中。認爲個人經歷爲什麼要公布於衆？其次，撰寫故事勢必透露隱私，這對我來說，又是一層壁壘需要被打破。

但寶濟光說，每個人的經歷都是一條靈魂成長的道路，我在這條路上所經歷的痛苦和轉念，不僅僅是我個人的，也包涵了每個階段靈魂家人的積極配合，以及大環境整體能量的推動。前半生雖是我在經歷，但是背後布局配合的是整個靈魂團隊，雖由我悟得其中智慧，但這些智慧是屬於整個宇宙的，我有義務將其分享出來。我需要將自己的經歷，以故事的方式敍述出來，以表達我對生命的理解。喜歡我和關注我的朋友，也許可以從我的故事中得到啟發，吸取我曾經因錯誤的觀點而釀成的悲劇教訓。我所經歷的昨

天，也許是他們正在經歷的今天或者明天。

本著這樣的要求以及發心，我接受了寫書的考驗。但是這對我來說，真的不太容易了。剛剛知道居然要寫書的時候，我有好幾次，夢中驚醒忽坐起，感慨寫書壓力大。我並非專業學文學的，讀書的時候更是連個優等生都算不上。這樣蹩腳的表達水準，居然要寫出一本書，實在愧不敢當。所以整本書籍也許通篇不夠流暢，漏洞頻出，沒有專業的潤色，沒有精彩的鋪陳，表達不清之處，請各位海涵。但故事是眞實的，請允許我以粗糙的文筆，闡述平凡的故事，以生活中的點滴事件爲例，拆解靈魂語言的神祕。在跌宕起伏的情感故事中，琢磨人生劇本的深刻意義，在肝腸寸斷，百轉千迴的情緒中悟出生命升維的智慧。

但願有緣人能透過我的文字瞭解我的經歷，與我一同朝聖，聽我述說，我是如何從不斷外求轉化至反求諸己；如何從怨天尤人轉變爲知命改命；又是如何在一葉障目，深陷我執中達到無所而住，眞空妙有的自由。若能如此，也不枉費我生命過程中所經歷的那些非言語能道盡的奇葩了。

感謝一直幫助我的靈魂家人們希楠、娃娃、渲紫、無憂和心語。謝謝她們一直以來對我的支持，此書初稿完成後，她們紛紛爲我提序，感謝你們！

此外也對所有支持我的粉絲朋友們，表示深深的感謝。在我亦步亦趨，摸著石頭過河，嘗試帶領大家穿越迷障期間，很多朋友都給予我莫大的信任與支持，並且願意無私分享自己的經歷，以此喚醒周圍，感染更多人，感謝你們！

最後謝謝有緣的讀者，願意花時間閱讀我這個既不出名也無功績的普通人的故事。

阿雯

目錄
CONTENTS

高維空間

色即是空，空即是色，受想行識，亦復如是

元宇宙暢想

1992年一名叫尼爾・斯蒂芬森的小說家，寫了一部名爲《雪崩》的科幻小說。在這個小說裡描寫了一個虛擬的世界，說現實中的人，只要打開電腦，戴上特殊的眼鏡就能進入到這個虛擬世界。虛擬世界和現實世界一模一樣，同樣有高聳入雲的建築物，也有錯綜複雜的恩怨情仇。尼爾・斯蒂芬森把這個虛擬的世界叫做Metaverse，翻譯過來就是「超宇宙」，也就是我們現在很流行的「元宇宙」。

很多科學家們希望通過技術，搭建自己的「元宇宙」。如果技術成熟，我們可以把自己的意識形態上傳到資料庫，在虛擬世界中，我們可以製造自己的化身，幫忙出席各個宇宙平臺，完成我們的工作。到時候「分身無術」這個詞，可能可以改變成「分身無數」。

既然人類想要創建自己的「元宇宙」，那有有沒有可能我們所處在地球也有可能是上層文明創建出來的一個「元宇宙」呢？

畢竟Google技術總監雷庫茲韋爾曾假設說過：「也許我們整個宇宙，只不過是另一個宇宙中某個初中生的科學實驗而已。」太空探索首富馬斯克也說過：「人類生活在眞實世界的概率不及十億分之一。」2018年基因科技大佬尹燁則

說：「我們有可能是被某種程式設計出來的。」

那麼多現代科學界的學者大佬們都不約而同的認爲，人外有人，宇宙之外還有宇宙，人類之外還有文明，那地球究竟是什麼？人類在宇宙中又是什麼樣的存在？宇宙中到底有沒有造物主？我們一生或顚沛流離，或錦衣玉食的生活，究竟憑何而定？是什麼在決定我們的成敗？我們的成敗又以何爲標準？

如果你也和我一樣，對宇宙、對人生、對生活有著無盡的好奇和疑問，我想這本書可能正適合你，希望我寫得不是太玄，大家都能看得懂，有共鳴，能在一樁樁一件件落地生活實實在在的事情上，去明白人生的意義，宇宙的意義。

宇宙的維度概念

我們的宇宙高深莫測，浩瀚無窮，日升月落，鬥轉星移，上百億年以來，宇宙按照它自身的規律悄然運作。在我們的祖先第一次仰望星空時就開始思考，這片廣袤無垠在黑暗中閃著微光的世界，究竟與人類有怎樣的關係？古往今來，無數哲學家和科學家都試圖解釋宇宙到底是個怎麼樣的存在。

若用我們現在熟知的科學語言，可以將宇宙的空間系統描述爲從零維到N維的龐大範圍。我們如今身處的是三維世界，在我們之下的是二維平面，而在我們之上是超越時間的四維世界。

首先我們來說維度概念。

第一是零維：零維只是一個質點，什麼也沒有，沒有大小、沒有時間、沒有空間。零維只是被想像出來的一個座標點。

其次來到一維，一維是兩個點或無數個點組成的一條線。

再次是二維，二維是由無數條線組成的一個面。二維空間標誌性的生物是螞蟻。螞蟻的世界只有前後，沒有上下。我們總會看到很多宇宙概念文章中用螞蟻來舉例，正是因爲

螞蟻是低於我們的二維生物。通過螞蟻上樹，我們看到的是螞蟻在爬樹，而螞蟻只認爲在前進。由於螞蟻生理結構的局限，它們只能認知到長寬，而沒有高度的概念，永遠被宿命框限在平面的世界裡。對比人類而言，螞蟻是被禁錮在二維平面的可憐生物。

然後是三維，就是我們現在身處的世界，由長寬高組成的立體世界。我們比二維的螞蟻多出一個高度，比一維的線狀多出兩個維度的差距，所以三維的物體總是比平面的畫，一維的線好看和有趣的太多了。比如一條畫得再流暢美觀的線怎麼都比不過一個畫面來得豐富。同理一張畫畫得再好，也不及一個立體的模型來得生動和直觀。這就是維度差，高出一個維度的認知和全面是低維度所不能理解和想像的。

再舉例來說，三維世界如同升級版的一維，在一維我們的人生由無數個點（事件）組成，無數個點（事件）又連成了一條線，這條線可以比作是我們從出生到死亡、從年幼到年邁的生命時間線。但是這條時間線，我們是看不到的，正如同二維生物只能看到三維物體的截面，我們作爲三維生物，也只能看到時間的截面。

因此三維人最喜歡問的就是時間線，我們總是關心，什麼時候會遇到什麼人？發生什麼事？

維度低的生物是不太能理解維度高的空間發生的事：比如，當三維人類的我們俯視二維螞蟻的時候，認爲螞蟻既無聊又可笑。於是我們拿起一塊小石子，砸向正在爬行的小螞蟻，輕輕一使勁，在螞蟻的世界裡，災難就發生了，螞蟻頃刻間被不明物體襲擊，結束了短暫的一生。對螞蟻來說，這是飛來橫禍，在螞蟻的視角裡，無法理解從天而降的石頭是個什麼樣的存在。

在二維螞蟻看來，前後左右，平面維度中並無異樣，而就在螞蟻自認爲的安全環境下，怎會天降巨石，遭遇滅頂之災？螞蟻這個生物甚至連有縱向高度這個概念都不明白，又怎麼會知道還有三維人類的存在呢？

對比螞蟻而言，人類生活的三維世界是多麼安全，前後左右，上下八方，盡收眼底，比起二維的螞蟻，在三維的我們何其優越。可是同理，三維之上有四維，四維之上有五維。當我們注視著螞蟻在荒涼的平面中，來了又去，去了又來，重複相同且無聊的行爲時，可能正如上帝也正在高維注視著被鎖在矩陣與集體意識中的我們。

曾幾何時，人們也會因爲突如其來的車禍結束自己的生命；也會因爲始料未及的癌症拋下親人撒手人寰；也會因爲一時疏忽釀成無法挽回的錯誤……可憐的人們啊，這與從天而降砸死二維螞蟻的巨石，有何差別。不明所以的我們，只能感慨，命運終有時，閻王要你三更死，不會留你到五更。一切都是命運的安排，但是命運又是什麼？憑什麼而安排呢？在螞蟻的世界中那塊從天而降的巨石是人類拋下的，

那在我們的命運劇本中，這些猝不及防的災難又是誰拋下的呢？

會不會也有更高一維的智慧生命在注視我們呢？這些智慧體可以把四維空間的一切一覽無餘，他們能清楚地窺探宇宙任何一個時刻的狀態。那麼我們所遭遇的這些禍不單行亦或者喜從天降，會不會只是這些四維智慧體的一念成生而已。

那四維智慧體是什麼呢？四維空間究竟和三維空間有何差別呢？

四維空間其實是一個時空概念，就是在三維空間的基礎上，加了一條時間軸，並且這條時間軸是虛數值的，在四維的時間軸是有無限可能的。如果我們能超越時間的幻象，就能進入到四維空間。在三維世界，我們認為任何一件事都有開始、經過、結果，任何人都有過去、現在、未來。而在四維空間時間是一個變數，在四維的時間如同量子一樣，是一份一份實體化計算的。從佛法概念來說，一切都只是緣起，只要「緣」的開啟，而後的過去、現在、未來都將是註定的。因為時間不過是個量變疊加的過程而已。在量變中緣起的「因」尤為重要。當「因」的種子種下，「果」的成熟也是必然。因為種瓜得瓜，種豆得豆，只要判斷種子的屬性便能知曉果子的成品。時間不過是在能量疊加中，由量變引發到質變的必然過程。所以，聖人畏因，凡人畏果。聖人能覺察事物最初的苗頭屬性，就等於成功扼制了事物未來的結果。而凡人愚癡蠢鈍，只在看見事物破敗的局面後才後悔不已。於是在四維，最重要的不是時間，而是種子，不是結果，而是發心。

所以，所謂四維的智慧體就是我們的「發心」，在當下的這一刻，我們的發心決定未來。當下的發心是善是惡決定了將來我們所遇的是善緣還是惡緣。

我們要明白，四維以上皆在內心，三維世界我們能摸得到，看得見。而超越時間的四維和可選擇想要時間線的五維，我們都看不見，皆在我們內心。由此可見，我們的心念有多重要。無怪乎《心經》有云，觀自在菩薩，行深般若波羅蜜多時。佛經偈中也寫道，心如明鏡臺，勿使惹塵埃。

我們要學會時時覺察自己的內心，感受自己的起心動念，在緣起的「因」上努力，而避免果子成熟後的懊悔。只有當我們能通曉這些四維，五維對三維世界的影響後，我們就做到了「明心見性，而生淨心」。

最後，我們簡單來講下五維，五維空間是根據四維空間的理論推算而來的，在四維時間線的任意時間點，也就是我們內心的任何一個起心動念，都會衍生決定出無數條時間線。我們可以在任何一個點上，選擇不同的時間線。因為在五維，我們可以看見所有的時間線產生的結果，於是我們可以根據自己的喜好，選擇我們最想要的時間線。

低維是高維的投影

知曉了各個維度之間的差別後，我們再來說說，各個維度之間的關係。在維度理論中，每一個維度都是更高一個維度的橫截面，一個三維物體是由無數個二維平面疊加構成的。就像一本書，是由好多頁薄薄的紙張裝訂而成的。不同維度之間的能量，像是一種投影的關係。一維是二維的投影，二維是三維的投影，三維是四維的投影，逐漸向上，以此類推。

舉例來說，我走在路上，我是一個立體的人，生活在三維世界中。地面是平面的，只有長寬，沒有立體的高度，地面是二維的。我走在路上，地上會有我的投影，投影在地面。所以二維是三維的投影。這就是低維是高維投影的基本原理。

同理，我的手拿著兩支筆在陽光下擺動，牆面上有兩只筆的投影，如果我希望影子重疊，我就改變兩只手的位置。我手上的兩支筆一旦重合，牆面上筆的影子也勢必重合。反之，如果我把兩只手，分得很開，牆面上筆的影子，也會相去甚遠。我國的光影非遺藝術——皮影戲，就是這個道理，藝人們借由燈光在白色幕布後操控影人，繪聲繪色地講述故事，人們看得津津有味。

由此可見，我們想要改變舞臺的畫面故事，就要去帷幕後面改變藝人的手勢動作。帷幕是二維平面，藝人是三維世界，低維世界是高維世界的投影。

五行八卦與宇宙能量

明白了各個維度之間的關係後，我們再來簡單理解下能量。科學家們早已揭示，宇宙萬物的本質都是能量，靜止是相對的，運動是絕對的，我們這個世界上所有的物質都是由旋轉的微觀粒子組成的。

基本粒子是具有波粒二象性的，一切存在皆是能量波。當能量疊加到有物理事件呈現時，叫「色」。而當能量條件未能成熟、物理事件未能顯現時，叫「空」。故佛家有云，「空不異色，色不異空，色卽是空，空卽是色」，並且「不增不減」。能量雖以「空」和「色」的形式展現，但卻「不增不減，不生不滅，不垢不淨」。

我們也可以用海水和浪花的比喻來理解。我們看到浪潮時有時無時高時低，於是我們說浪潮是有來有去，有始有終，有起有落的。然而當我們再深入到本質，會發現浪的本質其實就是水。水只是浪的另一個面相，平緩流動時，水是水，急速流動時，水就變成了浪。於是我們可以說，浪從水中來，又回到水中去。能量不斷疊加時水形成了浪，能量不斷退減時，浪又變回了水。

這些能量的不斷疊加或減少的演算，在三維空間裡的表達就是《易經》。《易經》是一切事物在宇宙空間的起源，一陰一陽爲之道，陰陽和合爲一。道生一，一生二，二生三，能量不斷疊加。在這個基礎上再演變出太陽、少陽、少陰、太陰、四象以及八八六十四卦。這六十四種基本卦相再繼續複雜疊加，就構成了我們現實生活中的一切事物。《易經》這部闡述天地萬物、宇宙萬象變化的經典，就是描述這些能量資訊疊加的規律，隨著能量以及時間的疊加，我們的生命出現了不同的狀態，這就是我們普通人理解的算命。

我們的命盤就是根據我們出生時天體運行變化所產生的。八字排盤中所講到的「天干能量」指得就是時間能量分布，即出生時的年月日時，四柱。而「地支能量」是指我們在三維投影的分布關係。天干加上地支，四柱八字，簡單的八個字就表達了能量的縱向投影和橫向疊加。也就是說，我們出生的那一刻，高維能量投影到三維空間的那一瞬間，就註定了我們身上的能量分布是如何的。

如果用元宇宙的概念來說，我們的一生就是高維文明爲我們編寫的人生劇本，而生辰八字即爲劇本的重要組成元素。

我們的生辰八字決定了我們一生什麼時候會遇見什麼人，什麼時候會出什麼事，什麼時候會得什麼病，一切都安排得明明白白。用低維是高維的投影關係來解釋就像我們把一只手攤開，投影到二維平面，大拇指、食指、中指、無名指以及小拇指，這五個手指清清楚楚，一目了然。如同我們的人生劇本，先從年柱走到月柱再到日柱最後在時柱結束一生，從高維來說，這一切投影得明明白白。算命先生也是通過四柱八字的排演來推斷命運的禍福旦夕。甚至好的中醫醫生，也可以在給病人配藥的時候，參考病人的生辰八字，給出醫囑建議。所以宇宙中一切都是能量，順應能量而行，並非子虛烏有的迷信之說。

好的中醫在治病時會用到子午流注概念。我們都知道，不同的時間和我們修復內臟的關係是有講究的。比如，凌晨一點到三點是膽囊修復的時間，凌晨三點到五點是肺修復的時間，凌晨五點到七點是腸道修復的時間等等。

我們身體內部的五臟六腑也對應著各種能量關係，是金木水火土能量的分布，如果再配合時間的對應關係，就形成了所謂的子午流注。在適合的時間去做適宜的調整，療效作用事半功倍。而如果時間不對，就無法達到對症治療的效果，甚至適得其反。

中醫的針灸和穴位療法也對應宇宙能量哲學。穴位也像是高維能量呈現在三維像的焦點。高維的能量統一聚焦到三維人身上的某個點，就形成了經絡。運用能量理論研究人體平衡是中醫的主體哲學。不懂能量就不懂中醫，這也是中醫與西醫的主要差別。

因此我們可以明白，不僅僅是生辰八字、人生卜卦與高維空間能量有關，甚至在醫學系統中，也會用到低維是高維投影的原理。在孫思邈的《千金藥方》有云：「醫有三品，上醫，中醫，下醫。」

下醫是只會三維操作的技術醫生，照本宣科，不懂融會貫通。而能稱為中醫的醫生就已經是能通過子午流注、天干哲學、穴位經絡這些高維能量來幫助三維人體治病了。而所謂的上醫又被稱為道醫，是指能完全理解高維能量，運動宇宙能量調和，在投影源上入手解決問題。上醫構建的是天人合一的宇宙觀，所以，上醫醫國，上醫是可以通曉整個宇宙能量場的高賢能仕。

命運是註定的嗎？

既然高維能量如此重要，我們出生時的八字是不是就決定了我們的一生？命裡有時終須有，命裡無時莫強求，世間萬物，皆有定數，命運天註定，半點不由人呢？

其實也不是，即使是古人最講究的「一命二運三風水」，後面也緊跟了一句「四積陰德五讀書」。我們再回到前面說過的，低維能量是高維能量投影。在開篇我們就提到過零維。零維，是一個質點。在零維中包涵整個宇宙空間裡所有的資訊以及相互關係。零維就是個體的我們，在地球上生活的我們，像一個又一個小點般的我們。宇宙中所有的能量都是會傳遞和相互影響的。假使我們在水中丟入一枚石子，漣漪蕩漾，層層擴展，最終會影響水塘，而即便是在相對遠一些的水域，也會因為中心水域粒子的變化而產生影響。我們就像是被丟進水塘的小石子，雖不起眼，但蕩漾的漣漪也最終會影響整個水塘。

著名的蝴蝶效應也就是這個原理。一隻南美洲亞馬遜河流域熱帶雨林中的蝴蝶，偶爾搧動幾下翅膀，可能在兩周後，美國的德克薩斯洲會引起一場龍捲風。其原因在於，蝴蝶翅膀的運動，導致其身邊的空氣系統發生變化，由此引起連鎖反應，最終導致其他系統的極大變化。洛倫茲把這種現象，取名爲「蝴蝶效應」。意思是說，一件表面上看起來毫無關係，非常微小的事件，可能最整體範圍而言，會帶來巨大的改變。

任何一個空間質點的振動頻率振頻幅度，這些資訊的微小變化都能帶動整個宇宙長期巨大的連鎖反應。整個宇宙空間中的任意質點都具足宇宙中的所有資訊，這被稱爲「宇宙全息律」。因此，千萬不要小看作爲「零維」質點的我們。也許我們自身一點點的改變，個人頻率一點點的提升，都將影響整體宇宙的變化。這才是高維文明希望人類文明突破的地方。

「宇宙全息律」是宇宙中的第一條基本規律。我們把關於質子包涵宇宙全部資訊的觀點再度擴展一下，就是每個人身上都有宇宙中所有人的資訊和智慧。恰如佛家所云：「一切衆生皆具如來智慧德相。」我們每個人內在都是本自具足的，不管我們是什麼八字，是哪四柱組成的命格，我們身上都帶有宇宙全部的智慧，問題只是在於我們是否能參悟。

我們的命運既是固定的也非固定的。如果我們認爲一切都是命數，那麼我們就眞的會按照命格投影，從幼到老、無所覺知地走完一生。但是如果我們能在八字流年給出的資訊中悟出智慧，改變自己，內觀自己，用自己的方式去創造我們想要的人生，那命運就不是註定的，八字和命卦只是幫助我們參悟自己的鏡子。

這不是不可能，在我的影片中曾經有一期介紹的「曼德勃羅佛」圖形闡述的就是這個道理。

這門被人們稱爲「上帝的指紋」的新學術，說的就是分形理論。而分形就是遵循了集合方程解的方式，在時間上的無限延長和空間上的不斷迭代，描述了宇宙萬物生長的密碼。因而只要我們能超越時間幻象，最簡單地進入到四維空間，觀心，內求，超越三維投影相，直接進入四維投影源，我們的人生就會發生改變。

如此這般，我們就進入到了靈性成長，以靈魂視角來解讀高維投影源給我們設下的生辰八字的能量影響。那就眞正做到了以神祕學技術輔助自己、內觀自己、指引自己，而不會盲目依靠算命卜卦了。最終走上本自具足、自性圓滿的修行之路。

無怪乎日本的稻盛和夫先生在談及生命的意義的時候說：「生命的意義在於走的時候，靈魂的高度比來的時候高了那麼一點點。」稻盛和夫一生創造了兩個世界500強，挽救了日航，發明了阿米巴管理，這些在世人眼裡非常輝煌的成就，他在談及生命意義的時候隻字不提，他只是說「生命的意義在於提升靈魂的高度」。這是他對生命深刻的領悟。

靈魂來的時候的能量是我們先天八字命盤的能量。每個人生下來的時候，都受到宇宙整體磁場、環境、業力、靈魂特質等各種能量的影響，這些能量資訊疊加交織彙集成了我們的生辰八字、星座命盤。這是靈魂來的時候的狀態。

稻盛和夫說，走的時候要比來的時候高一點，所謂的高一點，就是指意識升維。當我們死去的時候，唯一能帶走的就是這一世的修爲。我們先天的八字，爲我們營造了一生所碰見的事件與境遇，我們需要從這些環境與境遇中去參悟。

在這一世中我們碰到的所有事件，不管是事業、情感、財富、家庭，健康等等一系列事件的背後，都孕育著一道關於悟透生命成長的應用題。我們要讀懂這道題的背後智慧，當我們運用智慧解開人生應用題時，我們的靈魂就升維了，我們本身也更自由了。但若我們沒能解開題目，僅僅只是把這道題當做一篇抒情散文或是流水敘事來讀，那麼我們就白來世上一遭了，因爲我們沒能從解題中提升自己的能力。

我們來理解一下「生命」這個詞。生意味著創造，能量的演化，每個人的生辰八字就是先天的能量代碼。這是「生」的意義，高維投放小我那一瞬間，形成的命格。

「命」既代表了八字命格，也意味著靈魂使命，靈魂使命是要突破原本的八字命格。連起來解讀「生命」的意義就是不斷突破內在的認知障礙，一層一層的進階最終實現突破八字命格的過程就是生命的意義。

雖然古代術數的預測準確度驚人，令人佩服，但是在術數圈中也有個不成文的規矩：有三種人是算不準命卦的。其中修行之人就是其一，另外兩種是大善或者大惡之人。

這並不是說，修行之人有何特別之處，也不是說修行之人的能量磁場如何不同，更不是指修行人有多高深的玄妙之處。只因修行之人知天命、懂因果，能看透事物本質。他們深知因果律，能在每個當下覺察自己的發心，始終保持正行善念，在「因」上下功夫，種下善念的種子，自然能避免惡緣的來到。

同時，修行人也明白，人生所遇到的事件，都是自己的功課。修行人時時能採用「反求諸己」的處事觀，來避免消極、抱怨的負能量。能在每一個當下迅速從負面的意識中跳脫，始終讓生命保持在一種積極向上的狀態中。他們相信因果律不是一種消極被動，相反是一種提示，不管碰到什麼樣的境遇，都懂得時時調整、覺察、轉化，始終讓自己保持在正能量的狀態中，於是正能量的種子會不斷疊加，最終顯化出積極的物理事件。

而本書要表達的也正是這個宗旨，洋洋灑灑寫了一大堆宇宙高維能量的相互關係，最終也是爲了闡述如何運用高維智慧解答人生應用題。在後續的篇章中，我會以身爲例，從頭說起，將我的人生試卷，一一鋪開娓娓道來。

童年時期

一切眾生，種種幻化，皆生如來圓覺妙心

體弱多病的童年

1985年的某一天，一聲孩啼，我出生在杭州一戶普通百姓人家。80年代後期，國家已經開始實施計劃生育政策，父母都是醫院的職工，體制內的員工是絕對不允許生二胎的。理所當然我就成了家中獨女，坐享父母專愛。他們雖視我爲掌上明珠，但畢竟也是頭一回做人爹娘，在養育我的過程中，當然也有「中國式家長」的霸道與獨裁。特別是爸爸，他在諸多方面強勢又專橫，小時候對我的拳打腳踢也是家常便飯，以至於卽使成年後很久，只要與他單獨處在一個空間中，我仍會感覺壓力甚大，不敢放鬆，生怕稍有不愼又惹怒了他。

小時候的我是很不理解的，甚至長大後都任性地覺得，父母對我時而散養，時而狂暴的養育方式是一種淩虐。在走上靈性道路後，碰到修復原生家庭課題時，更是理所當然地認爲，父母對我是有所虧欠的。但直到眞正覺醒後，明白能量運作機制、懂得靈魂團隊配合的種種精妙之法後，才細細咀嚼母親的嘮叨與父親謹小愼微的背後是藏著深深愛意的。只因年代的集體枷鎖和他們自身的恐懼，使得他們對我的養育方式只得貫徹他們所認爲的安全與保障。然而這並不表示他們不愛我，因爲愛是所有的一切，卽使恐懼也是愛的反面

而已。

可能每個孩子回憶童年的時候，都會說自己體弱多病，我也不例外，打針吃藥更是家常便飯。爸爸在醫院工作，小時候我們住的房子都是醫院宿舍，從小接觸的叔叔阿姨也都是醫院的醫生、護士、護工，當然還有來來往往的病人。

兒時最讓我恐懼的畫面，就是爸爸的同事穿著白大褂，拿著細針筒凌空推注射劑的樣子。那一點點被推擠掉的藥液彷彿我後背冒出來的冷汗。聞著病房裡長久彌漫的消毒水味，看著病床上一張張被疾病折磨到麻木的臉龐，耳聞目睹久了，我便開始思索人生。

那時我就想，人得病了，原來是那麼痛苦。那些來自身體內部的痛，盤根錯節，血脈相連，像針刺、像刀割、像蟲子在爬、像毒蛇鑽咬、像一個個不知何時會爆炸的地雷，炸碎了病人的健康，也炸碎了家庭的歡樂。可能這是我最早體會到的：人生即苦，生老病死的無奈。

小時候的我膽子很大，人很木訥。可能因為我原始設置是女陽的關係吧，所謂無知無畏，大概就是這麼回事了。我甚至對痛都不太敏感，5歲從樓梯上滾下來，前腳剛在醫院縫完額頭，後腳就吵著要去參加媽媽朋友的喬遷飯局，完全忘了額頭上剛剛被包紮好的傷疤。7歲時放鞭炮，鞭炮在我手心炸開，半只手掌被炸糊了，雖嚇得哇哇大哭，但是過後還自嘲說，手掌像炸焦的烤雞腿皮。還有一次被大卡車輪胎撵過腳背，右腳掌當場骨折，還是自己一拐一拐走去醫院的。

小學二年級時，我需要做個手術，因爲爸爸本就是醫院職工，好多醫生護士都是看著我長大的，在爸爸看來一切都是那麼熟悉和安全，於是就沒有陪我進手術室了。那天他把我交給護士同事後就去上班了。在獨立這方面，爸爸對我要求很嚴格，只要能保證我基本安全，他就不允許我撒嬌依賴。通常他會先給我戴頂高帽子，對同事稱讚說：「我女兒是很獨立、很懂事，沒關係，不用刻意照顧她。」說完就管自己走了，剩下我一個人和不怎麼熟悉的白大褂阿姨們，一起呆在空曠冰冷的術前準備室。

消毒水的味道配上冰冷的手術燈，小學二年級的我既害怕又無助，覺得自己像是被拋棄在監獄的臨刑犯人，等待著最終的審判。但害怕毫無用處，我既不能哭也不能鬧，只得默默穿好護士阿姨遞給我的手術服，跟著她們走進手術室，默默爬上手術床，等待手術開始。

時至今日，手術的細節我已記不清了，但刺目的無影燈和麻藥刺入骨髓的痛感，以及自己咬牙強裝鎮定的淒苦，我還記憶猶新。

直到我26歲做人生的第二個手術時，回想小學二年級的自己，都覺得不可思議。不知道那時候自己哪裡來的肝膽崑崙，如此這般勇敢毅然。26歲做手術時，我可不是這樣了，

不斷叮囑醫生，麻藥要用無痛的，不能用針筒的，要用靜脈注射的，總之怎麼不痛怎麼來。

二年級那次手術後過了一周，需要拆線了。爸爸依然對我採用放任不管的方式，因為家就住在醫院宿舍，對他來說，從家裡到診室只是一步之遙，根本無需陪護。我是小腹之下動的刀，拆線的時候都不能挺直身體走路。那天我獨自一人蜷縮著身體，亦步亦趨走下樓，下午一點半準時出現在醫院診房，請爸爸的同事幫我拆線。拆線的醫生技術並不嫻熟，好像也沒有浸濕傷口與針線，直接就用剪刀開剪，傷口和縫線因為乾燥黏連在了一起，剪刀挑起的時候，線頭帶著刀疤一起被扯開，皮開肉綻恐怕就是這麼回事了。現在回憶起來，疼痛感我已經不記得了，只覺得這件事讓我既委屈又生氣，但是迫於爸爸的威嚴，我也只是敢怒不敢言，相信被拋棄的恐懼在那個時候就埋下了種子。

相信很多人回憶童年都有獨自被父母扔在家中，或是寄養在親戚家吃百家飯，甚至是留守兒童的情況。雖然從情感層面上，幼年的我似乎有被遺棄的經歷，但是如果以高維、全局、劇本的視角去理解我的境遇，就會發現，我的獨立性從小就被鍛煉了，包括後來的鈍感力也是。

是的，我們不得不承認，有些在父母看起來無足輕重的事情，也許就會在曾經弱小的我們心中，劃上一道傷痕。童年的一些經歷會讓我們誤以為自己就是弱小的，即使成年後，好像也沒有內在力量，甚至不相信自己可以擁有對生活的掌控權。但是事實上，我們每個人天生都有自我癒合和重新成長的能力。

成年後的我們在療癒原生家庭之傷中，不是要去放大這些經歷和情緒，而是要從高維視角解讀這些經歷鍛煉了我們什麼？有些事情當下發生的時候，我們不能究其因果，但是視角一拉長，十年後再審視，就能明白其中的深意。這才是療癒原生家庭的關鍵，療癒不是加深受害者意識，不是爲了無止境的可憐同情自己，而是要從中獲得力量，提取養分。

笨鳥先飛的木訥

我念書比較早，媽媽本著笨鳥先飛的指導思想，在戶口名簿上做了手腳，瞞天過海讓我提前入了學。本以爲早點適應學習環境，可以比別的孩子提早接受鍛煉。可沒曾想我是個不開竅的石頭，反應不快，學習不好，膽怯自卑，揠苗助長的後果是讓我在整個小學都備受孤立。

同學們不喜歡呆頭呆腦的玩伴，她們模仿動畫片裡小仙女的舞蹈，我不會；她們喜歡玩跳皮筋，我也跳不好；我的上三輪不好，五音不全，唱歌跑調，和同學們一起參加合唱比賽，單獨被老師揪出來，批評我唱得太難聽，不准我參加。最後老師只分配給我了一個後勤工作——在後台幫同學們管理衣服。因爲這件事，我被同桌男同學嘲笑了許久，後面每次上音樂課都有陰影。直到現在，我也不敢去唱K。

雖然遲鈍木訥的負面能量讓我在整個小學都處於一種幹啥啥不會、學啥啥不行的小透明孤立狀態，然而能量是雙向的，遲鈍在一定程度上也保護了我。正是這股木訥勁讓我在成年後養成了一種並不在意他人目光的豁達，我不會因爲別人對我態度的好壞而影響自己的心情。這樣的性格幫助我在後面的艱難劇本中，擁有不畏艱險，從容面對挫折和傷痛的能力；讓我能快速忘卻不愉快的經歷，迅速由泥潭中爬出來，重振旗鼓；面對失敗也有繼續前進的勇氣；能坦然面對流言蜚語，也能對嫉妒和嘲諷心懷感激。也許這就是現在流行的所謂「鈍感力」。

既然沒有玩伴，我就自己找樂子，三年級後我就常常以書爲伴。雖然我的數學成績很差，但是邏輯體系、結構歸納能力是在閱讀中培養的。閱讀培養了我的專注力和快速理解文字精華的能力，以至於後來我學各類神祕學技術都能懂得舉一反三、歸納整合，實現融會貫通。還是那句話，世間萬事都是中性的，表面看備受孤立不是什麼好事，但同時也騰出了時間，讓我在小學就學會了自娛自樂的本事。

悠悠歲月，淺淺時光，就這樣在自娛自樂中我過完了小學生活。升入初中後的我，在人際關係上並沒有什麼大改變。數學依舊是我的心病科目，差得匪夷所思令人目瞪口呆。初中的班主任不巧又是數學老師，整個初中三年，我經常被留校、罰站、喊家長。爸媽對我的數學成績先是給足耐心安撫，後又幫我請家教輔導，但也不見起色，最後只得棍棒相擊，聲色俱厲，可我的成績始終無動於衷。以至於黔驢技窮的媽媽最終只得妥協，另謀出路，聽說藝術院校不用考數學，她立馬給我報了繪畫班。爲了逃離數學苦海，當我知道居然有個不用考數學的學校，自然義無反顧的選擇了。於是從初三起，我就開始學習繪畫，準備將來永脫數學苦海了。

因爲數學成績差得一塌糊塗，我在初中的人際關係也不

盡如意。成天被老師揪著腦袋訓斥，自卑的種子也在初中開始發芽，我變的比小學時期更膽小、怯弱、不敢多話，這樣的狀態一直持續到初三。

在學畫畫的過程中，我在社團裡結交到了一些學畫畫的新朋友。她們並不知道我的數學成績如何，也不會譏笑我被老師罰站訓斥的事，在她們面前，我彷彿一張白紙，這反倒讓我放鬆下來。我慢慢開始有點打開自己，自卑之心也不會過分暴露，慢慢地我們成了好朋友。課餘時間我們相約一起逛街買畫筆顏料，一起討論報考哪個高中，她們還是第一個把星座分享給我的貴人朋友。

記得某個周日的下午，一位比我大一些的姐姐問我是什麼星座的？當時我只知道通過生日計算太陽星座，我是處女座的。處女座並不是個受人歡迎的星座。在小夥伴們踴躍討論自己星座時，處女座的人總是被排在星座鄙視鏈底端。處女座挑剔、愛完美、難相處，在十二星座受人討厭排行榜中常年穩居第一。當那位姐姐問我的時候，我又害怕了，心想，不會新交的朋友又要散了吧？但也不能騙人，我從小知道，只要說了一個謊，就需要用無數個謊來圓第一個謊言。

我只得自嘲說：「我的星座不怎麼好，我是處女座的。」當我說完後，以爲又會遭來鄙夷，可是並沒有，姐姐只是平靜的問：「那你的月亮星座呢？」

還有月亮星座？我一臉迷茫，我只知道太陽星座，怎麼還有月亮星座？「我不知道。」我弱弱的回答。

「那我幫你查查吧。」說完姐姐從包裡掏出了一本叫《星星物語》的雜誌。在每一期雜誌的背後，可以查到當月太陽星座附屬的月亮星座。碰巧那個月正好是處女月。按照書後的表格，我們順利的找到了我的月亮星座。我的月亮是白羊座。姐姐告訴我白羊座的月亮代表：勇敢、大膽、爽朗、義氣。這似乎一掃處女座龜毛挑剔的標籤，我好像能借由月亮星座一雪前恥，這喚起了我對月亮星座研究的極大興趣。當下我就問姐姐借了這本雜誌，準備帶回去好好研究一番。這算是我初識占星的經歷。

此後我總是自嘲說，爲什麼我不提倡星座標籤化，簡單粗暴地認爲金牛座就是愛錢的，摩羯座就是貪權的，處女座就是龜毛的。我們需要從能量角度去理解十二星座，可能正因爲我曾經也是星座標籤的受害者吧。

很感謝在社團的兩位姐姐，她們既安撫了我的自卑心，讓我體會到明白只要放鬆自然地做自己，友誼的能量就能自由的流淌。更要感謝姐姐幫我點燃了對星座的興趣，而後我一頭紮進浩瀚星海，不斷探索宇宙未知直至今日。

但是很可惜，後來兩位姐姐考到了美院的附中，我們就此分開。我因爲畫畫開始得比較晚，學得也不好，最後只考到了浙江省藝術學校。這是一所綜合性的院校，不像美院的附中那般專業。周迅是我們曾經的師姐。

遭遇校園霸凌

光陰荏苒，歲月流逝，九年義務教育悄然結束，轉眼我進入了高中時代。在藝校的高中時代是我至今回憶起來都覺得是最快樂的時光。藝術院校對文化課要求很低，老師只抓我們專業的成績。每天上午上半天文化課後，下午就學各種繪畫課。大多讀藝術的學生，好似數學成績都差強人意，以至於老師對我們數學成績的要求只得一降再降。我混在其中，顯得不太突兀，沒有像初中時期那麼惹老師討厭，不免有些幸然。

不愛念書的女孩子，通常比較喜歡打扮，我就是其中一員。女爲悅己者容，我們這些藝術學院裡的女孩子早早就懂得了這個道理。我們是繪畫班的，形象氣質不及舞蹈班的女孩子。好在學校招生人數比較少，整個女生宿舍只有一棟樓，大家都住在一起。我們就總是纏著舞蹈班的女孩子，請她們告訴我們最近流行什麼，梳什麼髮髻更顯氣質，學著她們給自己做美甲，跟著她們去逛街，與她們買同款衣服。藝校的課業並不緊張，雖然住校每晚有夜自習，可我們卻趁著夜自習偷偷跑去舞蹈房看舞蹈系的女孩子如何練功，學著她們站樁、練八字、抬頭挺胸走路，鍛煉氣質。

我們並不因爲模仿她們的美麗而覺得有啥羞恥，舞蹈班的同學也並未討厭我們的追隨與跟風。我們肯定她們的美麗，她們願意與我們分享美麗，整個環境能量場倒也其樂融融，互相感染。

多年後在我學心理諮詢師時，老師講課說，模仿是創造的第一步，也是學習的最初形式。我才意識到，原來自己的學習能力，是從愛美，模仿舞蹈系的同學開始的。心裡不由想到：「怎麼小學初中的時候，就沒好好模仿過數學成績好的同學呢？」可見數學對我的心理陰影有多大。

愛美之心，人皆有之。學習打扮，可能也有助於自信心的提升吧。在藝校裡培養出來的審美，慢慢修復了我小學初中的自卑。我在藝校的人際關係和小學初中截然不同，藝校裡的老師和同學們都莫名喜歡我。可能是因爲當初在繪畫班裡的兩位姐姐教會了我交朋友的新意識。我們需要落落大方的展示自己，自己先不要拘謹與自卑，友誼之水便能水到渠成。

帶著這樣的新意識，我開始競選班幹部，慢慢做到了學生會幹部，與小學初中小透明的情況判若兩人。連我媽都嘲諷我說，可能是因爲數學成績不再是藝校老師關注的重點，不然我大概又是被老師口誅筆伐得最厲害的一位差生。總之，整個藝校生涯我都過得如魚得水，瀟灑自在，大部分時間，都在吃喝玩樂中度過，並未感覺到有什麼靈魂功課的修煉，現在回想起來，唯獨只鍛煉了我面對校園暴力的反抗勇氣。

大概是物極必反吧，突然從一直被老師口沸目赤的差生轉變爲班中左右逢源的優秀學子，一切來得太突然，我可能有些得意妄形，太過惹眼了。現在回憶起來，在藝校的三年，幾乎每年我都會遭遇一次校園霸凌。以前小學初中是被老師辱罵，被同學們排擠和冷暴力，我尚且還沒有人生安全問題。但是到了藝校，迎接我的是拉幫結派的高年級女生對我人身安全的威脅霸凌。

初次遭遇霸凌是在入學後第二周。剛算是熟悉了校園環境，適應住校生活後的某個晚上，就有高二的女同學半夜帶著三五個女生跑來我的寢室，硬生生把我從床上拉起來，要問我討個說法。睡眼朦朧被拉下床的我都搞不清是怎麼回事，就被帶到女生宿舍公共廁所，說要逼我喝尿。廁所的腥臭味熏得我不得不打起精神，驅趕周公。

我問道：「爲什麼要我喝尿？我都不認識你們。」

帶頭的是個胖胖的女同學，梳著很流行的黑人辮子。她說，聽聞我是杭州人，據探子彙報，說我在食堂吃飯的時候，用杭州話辱罵她手下的一位小妹。

我當然不記得有這件事，更不知道哪個是她的小妹。我問：「請問你們這些人中有人是杭州人嗎？」

她們面面相覷說：「沒有。」

我答：「既然沒有杭州人，又有誰能聽懂杭州話呢？又怎麼知道我在辱罵誰呢？」

邏輯出現了漏洞，整個故事編不圓了。帶頭的胖女見形勢不妙，大呼：「不管怎麼樣，今天我們就是要給你點教訓。」

說完，四五個女孩子一起圍著我，威脅著要我道歉，或者喝一口廁所的尿，這件事才能算了結。

半夜三更碰到這樣的團夥圍剿，我當然是害怕的。但是我不想道歉，更不可能去喝尿。我心想，如果她們打罵我，那我沒辦法。但如果因為自己被威脅害怕就去喝尿，這算什麼事啊？我不做，在我看來這是傻。

既然兩個選項都不可能做，我就開始和她們耗時間。我說：「兩個選擇我都不會做的，要麼你們今天就打死我，不然明天早上等老師知道了，大家走著瞧；要麼就到此結束，大家回去睡覺，我可以當什麼事情都沒發生，也不會去告訴老師。孰輕孰重，你們自己想吧。」我既說出了立場又給了她臺階，期望她能順著臺階就此作罷。

胖女看我沒有被嚇到，更是氣急敗壞，走過來想打我耳光，但是手掌揮到半空就停在那裡了，這個舉動讓我知道她是不敢動真格的。於是我更有底氣了，乘勝追擊說：「你要耗就耗著吧，反正也半夜兩點了，不就是再杵幾個鐘頭嗎？六點起床鈴響了，值班老師就來了，你不嫌累，我就陪你站到天亮。」

就這樣，我開始杵著不說話了。胖女和她的幾個小妹圍

著我邊轉圈邊罵人，她們開始攻擊我的長相、頭髮、身材，唯獨不敢眞的打我。她們只是把手揚起來又放下去，拉起我的頭髮眼看著就要扯到頭皮了，又輕輕鬆手了。

這個發現讓我更有信心堅持下去，至於她們的辱罵，我充耳不聞。果不其然，因爲我的不動如山，讓她們沒了興致，感覺再耗下去也沒多大意思，且她們已經開始有困意，逐漸堅持不住了。最後，胖女撂下一句狠話說：「明天晚上，我再來找你！走著瞧！」語畢，她帶人離開，我也松了一口氣，立馬回寢室睡覺了。

有舞蹈班的同學告訴我，這位胖姐家裡和學校有點淵源，在學校裡也是出了名的霸道。很多同學都被她霸凌過，昨天晚上她找到我，也是我運氣不好。並且藝校就像一個小社會，拉幫結派，呼群結黨的現象很多，以後要避免鋒芒太露。經過一夜折騰，我確實心有餘悸，默默記下了這些話，爲避免此恨綿綿無絕期，也本著息事寧人的心態，我並沒有把此事告訴老師。第二天晚上，胖姐也沒有再來找我麻煩。

只是至那次以後，只要我與胖女在校園裡相逢，她總會在背後大罵我，惹得衆人側目。我總是以不予理會的方式漠然處之，即使與她正面走過，她肆意挑釁，我也只是回避處理，假裝不認識她，每每看到她，都只得加快腳步離開。就這樣，一直到了第二年年底。

風雨又來

那是一個初冬的傍晚，夜色寂寥，月影朦朧，草木紛紛枯黃掉落，嗖嗖的冷風帶著絲絲寒意狂亂得吹動已然落禿的樹枝。我和同寢室的同學在食堂打包了些晚餐，準備帶回寢室圍著暖爐享用。誰知當我推開寢室門，就看到胖姐帶著4、5個女生坐在寢室的飯桌前，一副等待許久的模樣。寢室另外同學看到我回來，弱弱地說：「她說要找你。」

猛然間我覺得，這外面的冷風算什麼啊？早知道，就在食堂吃飯了，回這寢室豈不是自投羅網。她都能登門造訪，今天恐怕是裝聾作啞也在劫難逃。我當然知道自那次廁所事件之後，她一定恨得我牙癢癢，只愁沒個由頭再來找我麻煩。

我故作鎮定問道：「有什麼事嗎？」

胖女提高聲音說：「什麼事？你自己做的那點破事，你不知道嗎？」

好似校園暴力，都是這些台詞。我平時根本和胖女無所交集，恐怕我的名字是怎麼寫的她都未必清楚，還能大言不慚叫囂著什麼破事不破事。這不明顯就是挖個坑讓我自己跳麼？

具體她是什麼原因來找我，現在我已經記不太清楚了，她編出來的理由人物關係複雜，事件推理蹊蹺，根本說不

圓。但是這都沒關係，核心宗旨就是今天她要替天行道，處決霸凌我。

看她來勢洶洶，氣勢逼人，一股要把我大卸八塊的樣子。敢情她今晚是要把我這些年對她街邊謾罵的漠視之恨統統傾瀉出來了。看她一副有備而來的樣子，我當然也只能以豁出去的心態與之抗衡。

我說：「你自己編的這些可笑的理由眞以爲冠冕堂皇了嗎？不就是爲了達到自己稱霸一方的目的嗎，一直以來借著家裡和學校那點破關係，唯我獨尊，橫行霸道。在老師面前裝孫子，在同學面前當老子，兩面三刀，以爲同學們都和你一樣，只會趨炎附勢會來巴結著你嗎？」

我的犀利言語讓她一時間有些反應不過來。我繼續說道：「從我剛進學校開始，跟你素不相識，你就半夜三更把我拖起來胡攪蠻纏，在廁所裡杵了兩小時，啥也幹不出來的慫樣，你自己忘了嗎？今天又無緣無故跑到我寢室來，胡言亂語一通，還大言不慚，替天行道，簡直神經錯亂。要行道，也輪不到你，法制社會，一切走法律途徑。我們報警，員警來行道，你有天大的理由去和員警掰扯。」說完，我就準備跑到宿舍傳達室打電話報警。

胖女和她的幾個同伴沒想到，我會直接想到報警，不禁有些害怕，她們圍在寢室門口，不讓我出去。

起初，同寢室的室友只敢默默在旁圍觀，後來見我情緒越來越激動，她們的情緒也被點燃。室友們準備幫助我出門，胖女的同夥們堵著門，不讓我開門。兩夥人開始互相拉扯，逐漸變爲扭打一團。情急之下，我跳上凳子，重重的摔碎一只杯子。「哐當」一聲響，杯子從高空墜下，碎片四濺，大家都嚇了一跳，還有個同學被碎片的棱角劃破了皮膚，手背上劃出了血痕。猛然間，大家都愣住了。

胖女只是個狐假虎威，虛張聲勢的傢伙，看我盛氣凌人，還有人流血了。她就開始認慫了，立馬打開門，帶著她那幾個小妹一溜煙跑走了。

說不怕當然是假的，卽便她走了，站在凳子上的我還瑟瑟發抖。室友把我扶下來，我們互相安慰了下，然後清理了杯子和垃圾。晚飯是早就變涼了，聽到杯子摔破聲音時，隔壁寢室的同學也聞聲而來。後來她們幫我們去買了宵夜，還幫忙打掃了寢室。事後，室友說我在整個辯駁的過程中，雖分貝驚人，氣勢兇猛，但手一直都是在發抖的。

經過了這兩次反抗校園霸凌後，我似乎又在學校裡出名了。大家驚訝於一個美術班的普通女同學，在沒有人撐腰也沒有同學爲伍的情況，不動手、不動粗，單槍匹馬就能抗衡風聲鶴唳的胖姐。此時，我已是高二，胖姐也高三了，經過這件事後沒多久，她就因學業忙碌不再到處惹是生非，隨後她考上大學離開藝校，我的校園霸凌生活也算結束了。

成年後有時和朋友們說到藝校生活，有人會問我，爲什

麼在霸凌的時候，沒有告訴自己的爸媽，也沒有找過老師。我想，第一，我父母對我是散養的，小學二年級做手術，爸爸都可以讓我獨自去拆線，校園霸凌對他們來說，不過就是同學間的嬉笑怒罵，很是正常，不予理睬便是了。第二，我們當時是住校的，一周才回家一次。我那兩次霸凌都發生在夜晚，告訴家長也是遠水救不了近火。當然這和後來靈性成長中不斷強調，我們要有自己內在的力量，自己擁有對抗外界的勇氣才最靠譜的，和這些觀點都是不謀而合。

後來我揣悟，這可能是對我心念力的考驗。是「邪不壓正，正義必勝」的宇宙天道。

我沒有做過對不起胖姐的事，她所說的那些霸凌我的理由也都是瞎編亂造的，我問心無愧，強逼我道歉時我不服從，這股浩然之氣，壓倒了她的霸凌邪念。

所幸的是，我並沒有在身體上被眞正意義霸凌，只是在氣勢上被威脅的較量。在現代教育中，我們也呼籲孩子們在面對暴力時，與其期待被保護，不如學會自我保護。在電影《未擇之路》中有個情節，父親問孩子：「爲何不還手？」孩子表示：「就算還手了也會遭到報復，沒有好果子吃，還不如忍忍算了」。然而父親卻說：「打不打得過是體力問題，但是打不打過去是態度問題。」態度決定命運！

是的，當我們碰到生命和精神都受到威脅的時候，要學會勇敢地保護自己，而不是一味懦弱退讓。雖不弘揚「以暴制暴」，但也要學會為自己發聲，告訴對方「我不是好惹的」。如果我們都不能為自己發聲，那別人更難為我們發聲。自己才是離自己最近、最不離不棄的那個人。

反抗也是自愛的第一步，如果我們自己都允許自己被傷害，那我們便只有被傷害的份。而現在的我更明白，這不僅僅是關於校園暴力的反抗，抵抗洪流，反擊威脅是貫穿我們一生的課題。

如果我們在工作中、生活中、戀愛中、婚姻中也碰到一樁樁一件件不斷壓迫我們和挑戰我們底線的事，但我們還是還本著「以和為貴，大事化小，小事化了」的退讓心態，那麼被壓迫窒息到無路可退的時候，也許不能怪命運弄人，只能怪我們自己沒有為自己發聲。

經歷過這兩次被霸凌後，還有最後一次霸凌是發生在我考大學前的美術特訓班。美術特訓班需要住宿，因為房間床位的問題，同寢室的女生又與我發生了爭執。不過有過藝校胖姐的經歷後，床位問題的那位同學的叫囂對我來說已是小菜一碟，為了避免矛盾激化，我主動向老師表明情況，當晚就換了一個房間順利結束了矛盾。

而後在三個月的特訓中，全班同學專心備考，再無精力針鋒相對，直到六月蟬鳴，莘莘學子，紛紛踏入考場。十年寒窗，終此一搏，轉身我迎來了大學生活。

情竇初開

緣來天註定，緣去人自奪，種如是因，
收如是果，一切唯心造。

青澀的初戀

花有重開日，人無再少年。可見大學的時光總是讓人難以忘懷。就我而言，從念大學開始，靈魂的功課便對我緩緩展開。

在藝校無憂無慮的過了三年，進入大學接觸感情後，我的日子就沒有那麼舒服了。在占星課上我提過，我本命星盤金星刑克冥王星。金冥刑的相位，使得情感是我一生中最重要的靈魂功課。小時候麻木不仁的心也開始因爲情感敲擊，一點點被迫打開心門。念大學時，我不過十九歲，後來經歷初婚失敗再度遭遇情感重創是二十九歲，最後走上雙生之路，迷霧週期三年，直至最後穿越雙生課題，我的心門才算完全打開。整個過程，耗費二十年之久。因此沒有誰的覺醒與重生是輕鬆的，我的靈魂暗夜不僅僅存在於雙生旅程中，每段情感的始末都是對我靈魂的洗滌。

當然，可能因爲我是初始女陽設置，在紙牌系統中又是最冥頑不靈的黑桃K，先天心如磐石，固不可徹，屬於極度的反面教材。但是我相信，如若我這般反面教材之人，都能在物理事件催動下，不得不面對內心，學會善待自己、剖析自己，那世上幾乎無人開不了心門。只要我們能對自己遭遇的事件有所反思和醒悟，必然是能觸摸自己內心的。最怕的

就是逃避和自欺欺人，一個自欺欺人的逃避者，永遠讀不懂命運的深意。

我不是敏感的人，對自己的情緒不重視，對他人情感覺察更不敏銳。初中的早戀與我無緣，那時候成天被數學老師罰站，還有什麼心思想兒女情長的事。高中時期，雖然人緣關係轉好，也開始打扮自己，是有男孩子對我秋波暗送，但我頭腦木訥，根本接不上茬，更不給回應。直到在大學裡，我才開始爲一個男孩子心動。

他算不上樣貌英俊，甚至有些平庸，因爲身高的關係，也時常被淹沒在人海。多年後，摯友蔥花對我的總結是：我似乎不喜歡個子太高的男人。後來，我的占星老師指導說，這是因爲童年父親對我的暴力所導致。爸爸對我很凶，喜怒無常，沒有耐心，在家稍有不滿就大呼小叫，爲了得到絕對的權威，他對我的管束從來都是呼來喝去和棍棒相加。以至於我在成年後不喜歡高個子男人，太高個子的男人讓我有一種被威脅和壓迫的感覺，我不喜歡這種無法反抗的危機感。因爲父親的陰影，導致我喜歡軟言細語，脾氣溫和的男人，當然這樣的極端反差，也讓我在後面的擇偶中吃了大虧。

初戀雖其貌不揚，但是情商甚高，爲人處世左右逢源，除了在同學中擁有不錯的人氣外，老師對他也讚賞有加。在一次作業任務中，我與他單獨相處，他的細心與溫和不由讓我卸下防備，感覺我們彷彿認識許久，不由心生親近之感。

這讓我覺得他是衆多男孩子中最特別的一位，不僅讓我放鬆還倍感窩心。慢慢的，我們成了好朋友，從討論課業，逐漸發展爲同學之上戀情之下的密友關係。

初嘗心動滋味的我，想到他就會情不自禁的笑，他的每一點好都在我心中被無限放大。上大課的時候，我總是湊著他進教室的時間跟在後面，順其自然地坐在與他相鄰的位置。他與我的每一次互動，我都格外珍惜。他發給我的消息，我都要反覆端看。身邊的每一件小事，每一個物品都會讓我聯想到他。因爲對他喜歡我期待上課，大學期間從不蹺課，甚至覺得乏味的課程都透著相思的蜜意。這是從心底自主發出的能量，猶如床前明月光般的美好。我想這個人，是第一道敲擊我心門的利器。

此時，我對占星已經初有研究。厚著臉皮問他要來生日和時間後，我就開始對照自己與他的每個相位和角度來盤算我們的緣分指數和未來的發展趨勢。不可否認，日金合相讓我爲他傾倒；月金互拱，相信在私下相處中，他也能體會到我的綿綿情意；我猜測我倆能算情投意合，這絕不會是我一個人的單戀相思。當然他也算是我學習星盤技術中，邊學邊觀察邊實踐的第一個實際案例對象了。

果不其然，在一段時間的朋友相處後，他開始對我有了一些若有似無的追求。每晚九點，他會準時打電話給我，我們聊至深夜，互道晚安後才能安心睡去。他的專業比我好，

於是順理成章的他包辦了我所有的專業作業。木訥的我雖能感覺到互相吸引的美好，但對於男女之情更深度的發展顯得茫然無知。他向我表示，希望有更進一步的交往，同時需要有性關係的親密。

我是古墓保守派，在我當時的認知裡，必須得結婚才能發生性關係，當然後來也因爲這個封建意識讓我吃了大苦頭。我對性行爲是有些排斥的，我認爲沒有結婚而發生性關係，不是一個潔身自好的女孩子該做的事。雖然我非常喜歡這位初戀，在性格、脾氣、幽默，甚至激情指數上，他都長在我的喜好點上，但我還是放不開，我更想保護自己。我給出的理由是，我們現在都還小，距離結婚十萬八千里，貿然發生關係，我勢必處於弱勢。自然在這樣恐懼、膽小、自保的心態中，我和他的情感能量也開始發生變化了。曾經我在影片中提過，我的靈魂算是級別較高的等級，只要我一起心動念，能量場就會發生改變。當初我的浩然正氣力壓胖姐的校園霸凌，今日我的恐懼膽怯也立馬使得初戀對我意興闌珊。

我當然知道這有打擊他興致的感覺，但是我依舊秉承著傳統女性的貞潔觀念，叫囂著他若眞心喜歡我，就不應該只想著身體上的吸引。我始終因爲自己的恐懼不肯退讓，終於，一個月後，他告訴我，其實他早在高中時就有一位女朋友。因爲倆人大學不在同一城市，加上他對我萌發好感，他希望試圖與我發展，但現在看來，我與他並不合適，且他與高中女友斷斷續續恢復了聯繫，所以，他打算與我劃清界限了，與高中女友重歸於好。

這樣的回答雖讓我黯然神傷，但也在意料之中。我不是個不明事理的人，既然我的原則底線不肯退讓，他的分道揚鑣也屬理所當然。只是，雖偶有心痛，但我依舊認爲自己的原則底線是高尚無瑕的。在此之後，我們開始保持距離，只是偶爾在上課碰面時，才會有些戀戀不捨的眉目傳情。大家雖心照不宣，但也沒了下文，就這樣一直恍恍惚惚到畢業。

畢業後，我才意識到，我們再也沒有機會共同上課了，我再也見不到他了，那顆麻木不仁的心，此時才感覺到痛。我完全沒有想到自己情緒已經崩盤到不堪一擊的地步了。每到晚上，別說睡覺了，即使月影婆娑，走在路上一想到他，我就會痛哭流涕；洗澡的時候，趁著熱水淋頭，也想歇斯底里的大哭一場。

當時別的同學在畢業後，都忙於在實習單位好好表現自己，爭取找到長期工作。只有我每天頹廢在家中，半夜睡不著，白天醒不來，醒了也不說話，常常自己發呆。體重一下子減輕了10斤，就這樣昏昏沉沉過了三個月，直到班裡的同學都陸續找到工作，開始互相交換新工作新地址，我才意識到自己不可以這樣繼續消沉下去了，於是振作精神開始投簡歷找工作。

初入職場，再遭情傷

最開始找工作，我只是爲了打發時間，不管什麼行業，什麼工資待遇，什麼地理位置，只要和我的專業相近我就去嘗試。在無要求無原則來者不拒的情況下，一周後，我就找到了一個平面設計的工作。當然，隨意找工作的後果就是，隨便開始隨便結束。在畢業後的一年時間裡，我差不多換了三四份工作，爸爸看我實在頭疼，最後在家裡關係的介紹下，把我送進了一家景觀上市公司。

新公司離我家很近，步行十分鐘左右，午休時還能回家吃個飯。辦公室環境也不錯，窗明几淨，井然有序。我是處女座，對環境要求很高，以前那家單位總是要去外地出差，住宿和環境條件很差，這家公司我進去的第一天就心生歡喜。果然，後來我在這家公司呆了整整11年，直至靈性覺醒，走上靈魂道路。這家公司既是我的業力溫床，也是我的覺醒貴地。至今回憶，我依然非常感謝公司裡的每位故人。

我從小念書不好，早期公司招人要求很高，進去後我才發現那裡的員工都是名牌大學畢業的。我從小最爛的就是數學，而園林景觀工程最早一批都是理科出生，我一個藝術生混在其中，簡直就像文盲。

我是關係戶介紹入門，剛開始也不太懂這個專業，還好從小學了繪畫的，最後無處可塞被分配到繪製平面圖的部門。和我一起工作的是外籍菲律賓同事，我的英文也夠蹩腳的，只得每天指手畫腳和外籍同事溝通，向他討教繪畫技能。

上市公司的高基準線對我來說雖有壓力，但因前面飽嘗了在外出差漂泊環境差的工作，這裡乾淨的辦公環境和離家十分鐘的地理位置，對我還是很有誘惑力的。何況爸爸警告我不得再任意驕縱要踏實學習社會技能，好好工作，不可以再遊手好閒，整日閑賦家中了。

被嚴重警告的我只得安下心來，扎實做事。但是我學歷不高，專業跨行，英文蹩腳，在同事眼裡，還是個走後門的關係戶，根本稱得上一無是處，不免對我有些輕視。以至我只能以更謙虛的姿態去面對領導和同事，我只好收起曾經的傲慢與任性，從最基礎的工作做起，借著僅有的繪畫專長，踏踏實實，任勞任怨地在基礎崗位從零做起，沉澱自己。

幹好本職工作只是一部分，除此之外我還主動和同事處好關係。經歷了大學時期摸索學習自己和初戀的星盤情況後，當時我已經達到能為人初步解盤的水準了。剛進公司的第一個月，我就把周圍同事的星盤看了個遍，並且告訴他們各自的性格特點。對於這些神祕學的東西，不管男同事還是女同事，好奇心還是有的。他們大多抱著隨便一試的心態把生日資訊告訴我，讓我一探究竟。沒多久，神婆的稱號就在

公司傳開，我的人際關係也一下子打開，很快我就融入了新公司。

時間是像多米諾骨牌一樣，一件事連著一件事。在逐步適應了新公司的環境，工作，和人際關係後，我立馬就迎來了第二個情感功課。

入職半年後，我被派去上海參加爲期一個月的專業培訓。培訓地是在某個大學城裡進行的，封閉式的培訓，軍事化的嚴格，吃喝拉撒都在裡面，這讓我有一種重回校園的熟悉感覺。

在培訓期間，有位男孩子與我走得很近，他和我都是屬於杭州分部，他比我小一兩歲。整個公司培訓有好幾百人，大家一起坐在階梯教室上課。

歷史總是驚人的相似，宇宙的冤欠恩怨會在某個時候以你想不到的方式送還給你。這回是他總是湊著我的時間進教室，假裝偶遇與我搭訕，而後順其自然坐在我旁邊，以至於後來，我旁邊的位置成了他的專屬座。漸漸的，他越來越粘著我，課間，我穿過半個操場去學校門口的小賣部買東西，他也願意冒著遲到的風險陪我一同前去。甚至有一次，我因爲生病請假半天沒去參加培訓課，他竟然也在寢室裡睡了半天懶覺，直到下午我拖著虛弱的身體勉強出席課程，他也才姍姍出現。

因爲我們如此出雙入對，培訓的同事傳起了我們的八卦：有人說我們本來在杭州的時候就已經是男女朋友了，也有人說，他在大學的時候就有女朋友了。

我本就是遲鈍的人，捕捉不透他的心思，初戀事件讓我對感情之事不再敢主動觸及。但是就他的刻意接近與主動示好，我想他對我不只是泛泛之情，可是我也不想率先捅破窗戶紙。

我開始裝聾作啞，但也不與他保持距離。我默默盤算著，如果他真的有女朋友，就不會與我走得再近了。如果他能對流言視若罔聞，可能說明他問心無愧，也許有女朋友的流言就不是真的。

就這樣，我期待著他主動向我表達，而自己卻抱著不主動，不拒絕的被動原則等待命運的安排。顯然不為自己承擔風險的逃避態度，將我推向了更大的深淵。謠言愈傳愈烈，在衆人八卦的推波助瀾中，他非但沒有瓜田李下，避嫌之意，反而與我越走越近，甚至主動承擔了我們一起吃飯的飯卡續費，連同他寢室的鑰匙也開始交由我保管。這波操作讓我有些不知所措，我不知道外面的流言到底是不是真的，有好心的女同事建議我向他攤牌，但是驕傲的自尊心讓我不願意低頭。我驕傲的想：他並非我鐘意的類型，如果我去向他開口挑明立場，不免讓人覺得，我非常在意與他的關係，好似很著急與他確定關係似的。

在自尊心的作祟下，我選擇熟視無睹。當年自以為是的

我，認爲這是清高且瀟灑的處理方式。而今吃過教訓後，我會對每位諮詢者說，我們在與他人抗衡所謂自尊的時候，其實自損的都是我們自己的精力。千萬別覺得能控制局面，隨心所欲，人非草木，所謂常在河邊走哪能不濕鞋。能量不斷疊加，我們終會受其影響。

一個半月的培訓結束後，我們回到杭州分部，開始正常的上下班生活。這時我發現，男孩逐漸不再與我來往密切，平時裡我請他幫忙，他也開始推三阻四，不似從前那般殷勤。我雖有生氣，但怒氣也無處可發。我們雖然走得很近，但確實沒有任何承諾關係，他也不必對我負什麼責任。但是怒意和不甘心像八爪章魚般地從原本端坐在姿態中開始向外抓取，我有一種被耍了一道的感覺。可是是什麼耍得我呢？還不是那無謂的自尊耍了我。

某個下班的傍晚，我截住正準備下班回去的他，以凜冽的姿態抱著質問的口氣問他，他對我是什麼定位？我們屬於什麼關係？他以非常震驚的態度假裝吃驚，他說，他有女朋友的事，不是傳得街知巷聞，人盡皆知，爲什麼我還會不知道呢？他以爲，我沒有拒絕他的接觸，就是接受他有女朋友的事實，還願意與他保持朋友關係呀。他由始至終只是把我當做一個普通朋友呀！

如此倒打一耙的表述讓我無言以對，儘管傻子都知道這是他不負責的推託之詞。對於沾花惹草的曖昧和過河拆橋的決絕，他能如此虛僞地撇得一乾二淨，眞可謂是修空的高手。但我也不能窮追不捨，死纏爛打對我沒有好處，何況他講得振振有詞，我也沒法辯解，總不能歇斯底里的要他承認在寂寞空虛沒有女友相伴的時候，就是對我精神出軌了吧。這不是二大娘腫臉，讓自己更是難堪。

只是從此之後，我與他涇渭分明，雖在同一公司，但卻老死不相往來。此後的很多年裡，我都對他置若罔聞，不管是工作交接還是會議分享，都當他空氣般的無視。直到很多年後在他在一次公司年會上，借著酒勁向我道歉，我們才算冰釋前嫌。

當初也有一些同事勸我不要鋒芒太露，要給他留三分薄面，大家低頭不見抬頭見，即使他理虧，我也無需如此得理不饒人。

畢竟在中國人的觀念裡，把矛盾擺上臺面是不成熟的做法。何況人言可畏，如此咄咄逼人不免顯得名聲不好。但我沒有理會這些攪屎棍一樣的勸說，選擇尊重自己當下的感受，對於這些道貌岸然的規勸，也一併漠然處之。

很多人即使在自己遭受委屈時，也秉承著委曲求全的心態將面子留給他人，只爲了落個善解人意的評價。我不這麼認爲，起碼在當初，我是沒有這樣的修養或者靈性高度以包容的心態去面對他的，我選擇做眞實的自己，抒發自己眞實的情緒，而不借「僞善」的教條框住自己。

這件事對我的傷害不是來自情感層面的擊碎，而是教會了我何爲曖昧之傷。即便我們如此親近，但是只要沒有開口的承諾，沒有捅破的窗戶紙，都只是隔靴搔癢，霧裡看花。我因爲自己不敢直面揭開，只是抱著僥倖心態，借感覺行事，才會造就他的有機可乘和理所當然。縱然被人愚弄我又何處說理？啞巴吃黃連，有苦說不出，難道不是我自找的嗎？因爲我對自己的不負責，才顯化出對方這個不負責的渣男，來給我上了關於曖昧之痛，深刻的一課。

關於「負責」是我們共同的課題。我們都要學習對自己負責。在我感覺事有蹊蹺時，就不該抱僥倖心態，任由事件發展。這是我的逃避所導致的，也是我對自己不負責的後果。至於他，也該學會瓜田李下，自避嫌隙。當然這是他的功課，與我無關。至於他是否從和我的鬧劇中學到什麼，我不得而知，只知道後來他還是和大學女朋友結婚了。那個女友據說從高中時期就追著他，一直追到快畢業他們才在一起。他認爲如此愛慕他的女人，肯定不可能有二心，一定是最適合相夫教子用來結婚的。諷刺的是，在他老婆給他生下兒子後沒幾年，據說他們的感情也因第三者介入而破裂，最終他是被戴著綠帽離婚的。凡事皆有因果，萬事自有輪迴。曾經他以爲最牢靠的選擇最後卻給了他致命一擊。

生活中有多少人如同他一樣，自以爲是的盤算關係利弊。網上甚至有人大言不慚的宣導：婚姻就是要圖對方什麼的，要麼圖有錢，要麼圖有面，就是千萬別圖愛情，誰圖愛情誰倒楣，唯有機關算盡才能穩操勝券。

生命沒有恒定，什麼都在變化中，宇宙的常態就是無常。當我們以結果爲導向，千算萬算最後到頭來人算不如天算。何必把時間、精力、感受都浪費在恐懼未來上而忽略了當下的美好。我們喜歡什麼就去做什麼，喜歡和什麼人在一起就選擇什麼樣的人。先勇敢得選擇眞實，再暢快的感受生活。不然，如同這位機關算盡自詡聰明的男孩一樣，到頭來只是竹籃打水一場空。

人生的功課只能親力親爲，有些人闖入你的生活，只爲了給你上一課，當你領悟後，那人便離去了。男孩不能領悟自己的功課，生活便只能給他上一堂更清晰的課程。

男孩給我的功課，我當下就反思了。而關於初戀的情感功課，我始終難以參悟。只是簡單將其歸結爲，我們相遇的不是時候，生不逢時自然良緣難結。雖偶爾還會想起初戀，但大多時候，只是矯情抒情，寫些「花開是緣，花落是劫，醉臥桃林，忘盡前塵，不思量，自難忘」這些莫名其妙，不知所云的情緒小作文，還沾沾自喜，自己文筆尙佳。

但是靈魂沒有矯情，只有意義。靈魂不會爲你的眼淚和情緒買單，只會臣服於你悟得的智慧。既然我對初戀之事依舊處在自我陶醉中，那麼劇本只能在我身上，割下慘絕人寰的一刀，用切膚之痛，讓我淸醒。可實不相瞞，即便後來我

在經歷了撕心裂肺、錐心刺骨的痛苦後，依舊處於茫然的受害者狀態中。想來，想要領悟生命劇本的意義，眞的不算容易。就這樣，不知不覺來到了人生最慘痛的情感章節。

初嘗婚姻

一切有為法，盡是因緣合和，緣起時起，緣盡還無，不外如是。

牽線做媒，相親成功

經歷過不清不楚的曖昧後，我對男女交往之事更是謹慎。我本就不是情感很豐沛的人，除了初戀之外，好多年來已無人能讓我怦然心動。但是年歲漸長，爸爸媽媽深受傳統思想束縛，開始催促我的終身大事。不少三姑六婆對我媽危言聳聽，姑娘結婚要趁早，虛耗年華徒煩惱。外婆更是終日在媽媽耳邊吹風，誰家的姑娘結婚了，辦了多大的酒席，隔年生了大胖小子，我們家也不能落後。媽媽聽完就開始爲我張羅相親，之後，我經歷了路漫漫其修遠兮的相親折磨，一直被大齡剩女和孤獨終老這些集體意識反覆摩擦踐踏。

媽媽告訴我，相親能知根知底，再也不會碰到莫名其妙的三角關係。我雖不喜歡兩個陌生男女對上桌就以生吞活剝的姿態打量對方，但是也不可否認，相親可以保證對方起碼是單身狀態。我再也不想經歷上回那般受人愚弄的情感遭遇了。而且本就情感木訥的我，在兩次自由戀愛中被摔得狼狽不堪，不禁心裡開始犯了懶，想著，要不乾脆別自己搞事了，不如等著父母爲我打著燈籠挑一個靠譜的人，也可以。婚姻大事，父母做主，有什麼差錯，就算視識人不明，也怪不到我自己頭上。盲婚啞嫁是個好主意呀，最起碼我不用自己腦子挑了，也不需要承擔什麼風險。

但是我說過，我的靈魂等級不低，心念的力量對我來說太關鍵了。當我生出這樣的惰性與甩鍋心態後，現世報已經在路上等著我了。

我只在上次的教訓中學到了「相」，對於本質的負責，還是領悟不夠的。我只知道不能與有對象的人再有瓜葛了，糾結與對方是不是單身，會不會突然又冒出來一個舊相好？就這點來說，相親確實是個能篩選人的好辦法。但是眞正的對自己負責，當然需要自己考量定奪。我怎麼可以將識人的擔子丟給媒婆，婚姻品質，如人飲水冷暖自知，必須我們自己審奪。丟給媒婆的下場就是媒婆和我開了一個天大的玩笑。

在淺淺經歷過幾次相親後，我有了些優越感，當時的我風華正茂，正値當嫁年華，家境、工作、姿色都尙算不錯。每次相親只是匆匆過場，大多數人對我印象不錯，可我卻對他們不太滿意。不是挑剔人家情商不夠，就是嫌棄別人欠缺幽默。偶有幾個勉強留了聯繫方式，聊不過三句，就沒了興致。但是無妨，我依舊保持著驕傲的姿態，等待著家裡人掘地三尺爲我找來如意郎君。

後來媒人外婆給我介紹了一位做生意人的男士，且叫他陳生吧。陳生是做服裝生意的，財力不乏。在介紹前，外婆就把對方的生日資訊幫我打聽到了。不管是東方的屬相還是西方的星盤，大致看看，這位陳生和我都屬登對。在見面後的聊天中我們發現，他工作過的服裝公司我曾經也效力過，只是我進去時，他剛巧離職不久，陰錯陽差未能見到。在這樣機緣巧合的背景下，不免讓我們覺得彼此更是特別，兜兜轉轉之後再度重相逢的故事情節，讓我人不由自主地爲陳生加上濾鏡特效，好似自己於對方而言，就是那個過盡千帆皆不是，斜暉脈脈水悠悠的命中註定。我倆一下子就認爲緣分使然，命中註定，與對方而言自己必是特殊的存在。

這樣的感覺與雙生非常相似。相信大家在面對雙生的時候，也會情不自禁的套上類似的命運色彩。只是後來在覺醒後才知道，從宇宙語言的專業角度來講，這股一廂情願認爲的宿命牽絆叫「海王星的醉眼迷離」。

初次見面後我們對彼此很是滿意，而後開始頻繁交往。我是個性保守的女孩子，在交往過程中沒發現他有什麼過界之舉，這讓我對他更是滿意，心裡覺得他是一位尊重女性的紳士。

我不是個有事業的女孩子，沒有雄心壯志。父親雖然脾氣不好，但在金錢上從未虧待過我，只要我想要的東西基本都會滿足，以至於我沒有什麼金錢的概念。那時我已經在公司穩定工作兩年了，公司制度穩健，雖是私營企業，但與國企無異，旱澇保收，生活無憂，沒有業績考核制，沒有崗位競爭。總之當時就是一幅風平浪靜歲月靜好的模樣，於是我最大的心願就是嫁爲人婦，洗手作羹，相夫教子。自然陳生就是最適合的人選。然而上帝對於饋贈給我們的禮物，早就

在暗中標好了價格。

交往沒過兩個月，陳生就帶我見了父母，他媽媽對我很是滿意，不斷誇我又漂亮又大方，人還單純懂事，是個不可多得的好女孩，甚至說即使日後陳生做了什麼對不起我的事，她不認兒子，都不會放掉我這個準媳婦的。初次見面就講這些表忠心的話，如今回憶起來實屬蹊蹺，可當時的我只沉浸在被誇獎的虛榮中，哪裡會細想這些。

然後我也像回禮一般帶他見了我的爸媽。他經濟很好，對我很是大方，對我爸媽也不含糊，登門買的禮物花了好多錢。我爸媽覺得他懂得社會禮數，不像我一直生活在溫室中，還頻頻囑咐陳生日後要對我多多包容，海涵適諒。

而後按流水章程一般進入到雙方家長見面階段。陳生定了豪華的包間，請了父母四人加我們兩個一起吃飯，還把紅娘外婆也請到了。

飯桌上，陳生的母親不斷感謝外婆給我們牽線搭橋，又萬分感謝我的父母願意把女兒交付給他們，並立下誓言，從今往後會待我如親生女兒一般。之後又開始憶苦思甜敍說自己年輕時和丈夫忙於賺錢，疏於對陳生的管教，讓孩子成爲留守兒童，自小是跟隨爺爺奶奶生活的，直到高中念書才被接到父母身邊。而後大學又去住校了，畢業後一直忙於事業，也與他們聚少離多，說到煽情之處，他母親還淚眼婆娑哭上了。說父母對陳生虧欠有餘，一定會在將來我們的婚姻生活中補全父愛母愛，全力幫助我們。並且讓我有什麼要求儘管提，滿足我們就是他們老兩口最大的心願。

我和爸媽聽得略有尷尬但又不好打斷，之後陳生的母親繼續說，陳生性格有些孤僻，其實不愛交際，唯獨與我相處，覺得緣分至深，一見如故，不如趁著今天家長都在場，就把婚事定下來。

陳生見狀，馬上拿出手機，說最近一直在聽張宇的《給你們》。歌詞中寫道：一定是特別的緣分，才可以一路走來變成了一家人。這句歌詞讓他覺得就是爲我們量身定做的，以後在婚禮上還要迴圈播放。同時他也表達了海誓山盟的承諾，還定好下周就去買戒指。

雖然我們覺得有些倉促，但也不好潑人家冷水，盛情難卻之下就這樣半推半就的訂婚了，然後兩家人就開始準備結婚的事宜。媽媽興高采烈的開始爲我張羅婚紗照和辦酒的事。

可是在訂下婚約後，陳生就開始對我有些疏離了，我們約會不再頻繁。他給出的理由是，服裝生意的旺季到了，他要開始忙了。但我還是從他閃爍其詞的話語裡嗅到了些反常。起初，我懷疑他是不是還有別選擇的對象，還在騎驢找馬物色另外的婚配對象？但在後來的觀察中並未發現第三者的蹤跡，而且當時戒指也買了，婚期也定了，一切都已敲定，他也頻頻向我表示一切都會如期進行的，讓我不用疑神疑鬼，還嘲笑我是不是得了婚前恐懼症，在他的插科打諢中

我便放鬆了警惕。

爲了安撫我的不安，陳生開始給我轉錢了，他會時不時發些紅包給我。每次問我在幹什麼，如果我說在做頭髮之類的，他就會立馬轉錢給我。只要他知道我在消費，就會立馬用紅包補上。我說我不需要錢，家裡無負擔，自己的工資也可以養活自己。但是陳生表示，這是一個男人對老婆該有的承擔和責任。他的話動人心弦，一語擊中我的依賴之心，使我對他更是眷戀，也不再疑心嗅到的那些疏離和反常。

現在在我的諮詢中，我總是強調，女人是不能用耳朵談戀愛的。心思敏銳的女人是能通過直覺感受到事物發展的蛛絲馬跡，然而用耳朵談戀愛，沉浸在甜言蜜語中自欺欺人的下場就是被眞相的暗礁險灘摔得頭破血流。

我們定在元旦過後登記結婚，來年三月開春就辦婚禮。那年的冬天很冷，西北風像刀子一樣橫吹臉龐，彷彿爲了一刀一刀刮醒我的愚癡。然而沉浸在業海泡發蜜糖中的我怎會知道等待我的深淵是什麼？

元旦過後的一周，我們如期去登記了。一紙紅證，我便換了身分，從此成了陳太太。登記後，陳生的媽媽迫不及待邀請我與陳生同住。她知道我是保守的女孩子，如今合情合法合理，名正言順了，她早早已爲我們裝修了新房，萬事俱備，只等我的入住。

新婚風暴，真相大白

我有封建傳統的性保守思想，以及對婚前性行爲與婚後性行爲的二元對立批判意識。當初即便因爲保守的性觀念，錯失初戀我都沒有後悔，可見性枷鎖對我而言是根深蒂固的。現在既已領證，我也不好推脫了。兩家人擺了簡單的宴席，寥寥草草吃了頓飯後，我就與陳生住到了一起。

住到一起後，反倒是陳生變得對我更爲躲避了，我覺得有些奇怪。頭兩天他總是很晚回來，要等到我睡著後他才踮手踮腳爬上床。後來雖然和我同時就寢了，但是每每睡到半夜，我醒來就發現他不見了。直到第四天晚上，我起來看見他在書房上QQ，進去問他爲什麼不睡覺，他來不及關閉對話框，一切才終於暴露。

那天晚上我們大吵，陳生爭辯到後來嚎啕大哭，半年來的僞裝讓他疲憊不堪，他實則是一名同性戀，而我在他們全家糖衣炮彈的催化之下，居然莫名其妙成了「同妻」。

風暴來得太突然，我嚇傻了，但是想到自己訂婚前就有的直覺，一切也就能拼湊起來了。我們的吵架引得他爸媽也半夜起來，看到事情已經鬧得不可開交，陳生母親情緒更是激動，說要把兒子從樓上推下去，沒臉認這個同性戀兒子，然後跪下乞求我不要把事情告訴我的父母。我說：「這不可

能，我肯定要和父母說清楚的，原來他有這種問題」。

陳生母親聽到我不願意幫助他們遮蓋謊言，立馬從地上站起來威脅我說，無憑無據的事情，他們不認，隨後掉頭指責兒子道：「你爲什麼要承認，爲什麼要攤牌，你就不能有點睜眼說瞎話的出息」。

如此荒唐之話，在她一個農村婦人的認知裡，是多麼理所當然。顯然這是一場有預謀的騙婚，他們全家爲了幫他掩蓋不堪，賠上了我的花樣年華。

眞相已然大白，天空也漸露魚肚，經過一夜的驟風暴雨，大家都有點疲倦了。我默默收拾衣物，陳生背對我們躲在角落抽泣，而他的父母漠然杵在房間裡看我收拾。清晨六許，我提著包裹，離開了他家，此後再沒踏入過。

後來陳生的母親多番打電話給我，一會哭天喊地求我給她兒子機會；一會語重心長教我如何幫助他們家一同轉變兒子的取向問題，告訴我只要懷孕，生下孩子，陳生就一定改掉同性戀的怪癖絕對不會離婚；再不然就威脅這事如果傳出去對我也沒有好處，離婚總是女人吃虧。這樣的狀態僵持了半個月之久。陳生自己，則像人間蒸發一樣，始終沒有正面回應我。20多天後，陳生撥通了我的電話，約我出去談一談。

那是立春的午後，2013年的第一縷陽光照射在大地上，帶走了冬天的寒冷，消失了大個半月的陳生頂著一頭鳥巢一樣的亂髮和滿臉的胡渣出現在我面前。顯然這半個月來他也不好受。陳生並未對我道歉，只是不斷的喃喃自語，我爲什麼要拆穿他，爲什麼不能夠允許他做個正常人？

我問：「什麼叫正常人？你才和我領了結婚證不到半個月就忍不住半夜撩騷你的男朋友，這怎麼個正常法？」

無奈之下陳生向我坦白，他早在大學時期就知道自己取向有異，但他自己也難以接受自己的另類。在我之前，他當然也交往過其他女性，但最終都因裝不下去，無疾而終。他也向父母坦白過自己的取向問題，可是父母總認爲這是奇葩的病，帶他看心理醫生，看風水大師，甚至看中醫保健。爲了給他治病，父母從農村來到杭州，日日陪伴在他旁邊，說是陪伴實則是監視他的一舉一動。最終百般無奈的他，只得和父母協商，找個良家婦女，結婚生下孩子，父母就給他自由，不再管束他的交友。他也算是爲列祖列宗完成了傳宗接代的任務。

陳生對我說，在結婚前他當然有矛盾和糾結，知道這是騙婚，可頂住父母壓力實在太難了。他爹動不動就說，不孝有三，無後爲大，倘若他不能爲陳家續上香火，他爹都沒臉下黃泉。他娘也是個無知婦孺，整日給他出餿主意，不是給他吃各種保健藥品就是帶他看參拜各個風水大師。陳生實在招架不住父母的愚弄，最終只得妥協，接受相親的安排，和我演了這場騙婚大戲。

雖然事實確如陳生所言，他也是被父母所裹挾的受害

者，但我又因何要成爲他們家族臉面的犧牲者呢？儘管他的痛苦不比我少，但此事終究是他有愧與我。最後，他在瞞著父母的情況下和我辦了離婚手續，也算是放我自由。

曾經在很長的一段時間內，我既責怪陳生騙我，又同情他也是家族的受害者。在他們那個小農村，連剪短髮的女人都要被說三道四更何況是性取向有異樣的他。但隨著靈性覺醒後，我意識到，一切都是陳生自己顯化出來的功課。之所以他會徘徊在騙婚和男友之間，是因爲他自己都沒能接受自己的特殊性，他在最深的潛意識裡是認可父母的觀點的。他希望母親的風水有效能幫助他眞的愛上女人，也拿父親的以死相逼爲孝順的藉口，不得不進行騙婚。但實際上是因爲他自己都沒能認可自己，他自己都覺得自己的取向難以啟齒，是不正常的。

據說在我之後，他馬上進入相親市場，通過繳費入會的方式在半年內又結識了一位護士女友，立馬再辦婚禮。原因是當初我們要結婚的消息，早已傳遍他的老家，若婚禮不能如期進行，他父母的臉就丟盡了。爲了保全父母臉面，他只得在半年內再覓一位新娘，如此諷刺卻又如此眞實，父母的臉面是他結婚的唯一原因。但結婚四年後，他們始終沒有孩子。最後不知是女方發現了異樣，還是他僞裝不下去了，四年後陳生再度離婚。

無人理解，苦果自吞

我父母是濫慈悲的爛好人，當時在知道如此荒唐之事後，第一反應不是來安慰我，反而還要我理解陳生的不得已。他們的意思是，這件事東窗事發，最難堪的是陳生，他最初的躲避是情有可原的。而後能同意離婚，也算良心發現。

陳生的騙婚陰謀被揭發，羞愧難當躲起來是情有可原？那他們的女兒無辜受害算什麼呢？濫慈悲的背後是不分青紅皂白的手刃至親。在父母這樣價值觀中，我的情緒得不到安慰，自己的父母沒有對我感同身受，反而站在別人的立場要求我也慈悲寬恕，規勸我硬吞下這黃連苦果。

媒人外婆就更是搞笑了，不僅把此事在家族裡大肆宣揚，還把責任撇得一乾二淨。外婆對我說：「真沒想到世界上還有喜歡男人的人，你一個如花似玉的黃花大閨女不要，硬是喜歡那些髒兮兮的男人，我怎麼可能知道世上還有這樣的奇葩，你們在談朋友的時候，你自己沒發現異樣嗎？」

短短幾句話，把我的無奈和難堪說得一針見血，最後一個瀟灑的轉折將所有的過錯都歸結與我自己識人不明的愚蠢。

母親是個懦弱且不善言辭的人，父親是個只會逃避和生

悶氣的愚孝之人。聽了外婆這些話，非但沒有氣憤的血氣，還只得賠笑，並且勸我說：「外婆年事已高，經不起這樣的衝擊，如果你把此事鬧大，便是將外婆置於兩難處境，因爲媒人是外婆。即使爲了外婆，你也要懂事的息事寧人，當一切沒發生就行了。」

我尚且心在滴血自顧不暇之時，父母還要求我忍辱負重，強顏歡笑，去肩負旁人的感受和顏面。我接受不了這樣懦弱和顛倒是非的安慰方式。

我把自己關在家裡，拒絕和爸媽溝通。他們的逃避和退讓以及軟弱的安慰方式，讓我覺得自己更是悲慘，我那麼自律又保守的女孩，怎麼最終會栽進一場同妻騙婚的陰謀中？這對我來說是奇恥大辱。而這些父母根本不能理解的，我與他們沒什麼可多言的，說多了父親只會叫我閉嘴，母親只懂唉聲歎氣。

無依無助的我，開始夜夜暗室獨坐，淚如雨下，但同樣沒人會爲我的情緒買單。靈魂要求我們必須把情緒轉化爲智慧的，哭泣可以發洩但絕不能永久停留在淚眼滂沱中，更別指望有人能安慰我的心酸苦楚。

碰巧此時，舅舅被查出癌症晚期，全家人的心思都用在幫舅舅治病上。那段時間，父母每天愁雲滿面，對話的主題永遠是舅舅的病該怎麼治，對我卻視若空氣。畢竟舅舅的事關乎生死存亡，而我不過只是不小心被騙了一場婚而已。在父母看來，離婚結束與陳生的接觸，此事就完了，可以翻篇了。他們告訴我不要長久的停留在回憶中，差不多就行了，最好快點再找個對象，用新歡填補舊傷，遮掩過去就得了。

如此匪夷所思又難以啟齒的事，我也無法與任何閨蜜分享，後來大部分的時間，我都是獨自一人默默消化苦悶。

我父母不是堅強之人，面對困難多以逃避與掩蓋的方式應對。本著中國人宣導的以和爲貴，遇事也只會忍讓與討好，常常以自欺欺人的方式，自我安慰一番，表面維繫一下就以爲萬事大吉了。他們愈是強顏歡笑，裝作不受影響的樣子，我看在眼裡越覺得是一種諷刺。既然相處無言又氣氛尷尬，我就每晚出去散步，從晚上7點走到10點，走到腳被磨出血泡也不停下來，那段時間每天我都等父母睡下才回家。

漫無目的走在街頭，月色清冷，涼風襲人，委屈和怨恨像一個個響亮的耳光般撲面而來，我只能蹲在路邊抽泣，仰望天空發呆。我不明白，上天爲什麼要這樣對我？我究竟是做錯了什麼？爲什麼我的情路會如此坎坷？從大學到工作再到相親，沒有一段感情是圓滿的。起初只是不完整，而後是不小心的曖昧，但是現在能量層層加碼後，已經扭曲到不正常了，這是到底是爲什麼？

我開始思考這一切究竟是爲什麼？最簡單的理解是從宿命論和因果業力開始。懵懵懂懂間，我想著，也許發生的一切都是因爲我前世宿孽太多，業障纏身。爲了消業，我開始

念誦《地藏經》，每隔一段時間，都要吃素念咒一個月以表虔誠。但我還是不懂，爲什麼這一切要發生在我身上。我默默把社交軟體的簽名改成：未曾生我誰是我？生我之時我是誰？來時歡喜去時悲，合眼朦朧又是誰？

當我們開始思考爲什麼的時候，內在靈魂的種子便在逐步甦醒，即便當時的我，對於高維劇本安排這些一竅不通，但是只要我們開始思考，便是給了靈魂種子發芽的土壤。

我慢慢變得沉默寡言，不再與同事們嬉笑，雖不至於請假曠工，但工作狀態明顯不好，有時工作圖畫著畫著就會跑上頂樓去哭一陣子。哭累了，情緒釋放了，再回到坐位上，裝作若無其事的樣子繼續工作。那一年，我瘦到了86斤，幾乎可以作爲「骨瘦如柴」成語眞人樣本，身上的肋骨一條一條漸露痕跡，我彷彿跪在了人生的搓衣板上被反覆磋磨。如果以這樣的狀態一直下去，我恐怕堅持不了多久了，因爲我始終沒有辦法依靠自己的力量走出泥潭。

不過，也許是否極泰來，也許是高維憐憫，在絕境之時，命運爲我拋下了一條救命繩索。

漫長的自我療癒

物來則應，過去不留，如如不動，未來不期。

熱愛助我走出黑暗

此時已將近年末，從進公司第一年起，我就一直擔任公司年會小品表演的工作，並且因認眞負責的態度以及對小品表演的熱愛，在年會工作這塊，深受領導贊許。但今年我沉溺在心如刀割的情感之痛中，本想對表演的事請辭，誰知領導下令，全杭州院今年只出一個節目，而我被推選爲節目負責人。臨危受命，不好推脫，我只得打起精神辦好小品。

我本就是喜歡表演的人，當初在藝校的時候就後悔沒有報讀表演班。舞臺表演中的投入和忘情正好幫助我釋放了這一年來的情感之傷的負面情緒。

時間倉促，從接到任務到年會表演，中間只有兩周的時間。爲了保質保量的完成任務，我們每天下班後都需要加緊排練，從定題到寫劇本，再到選演員，都由我一人負責。我手把手地教大家走臺步、編舞蹈，從節目配樂到服裝道具，事無巨細，都由我一手操辦。那段時間，我比上班還忙碌，每天都要排練到晚上九十點鐘才回家，回去後還要根據效果幫大家改稿子串臺詞。每每睡下都已經是夜裡一兩點了，因爲全情投入的關係，卽使睡下大腦還處於興奮狀態，腦中常常盤旋著小品的背景配樂，眞正睡著，每天都要凌晨三點鐘了。

好在辛勞付出終有收穫。在大家的共同努力下，業餘班子的同事們演出了專業級的水準，節目效果好評如潮，高層領導讚不絕口。隨後，我們還去了總部巡演，獲得當年年會節目的大獎。每天高強度的排練讓我無暇顧影自憐，從排練到巡演前後兩個多月時間，因爲排練節目，轉移了注意力，我逐漸從情感的泥沼中爬了出來。

現在總是有很多朋友問我，如何才能走出傷痛。轉移注意力是很好的方法，如果我們一直沉溺在回憶中，就會一直停留在過去那個能量場。當我們覺得很痛苦時，可以嘗試先把注意力轉到別的事情上，避免一味沉溺其中，窒礙難行。情傷是負能量，失落，依賴，悲痛使得我一直在負能量中打轉。愛是正能量。我們總是希望在悲痛的時候有人拉我們一把，給我們愛與關懷，給我們注入正能量。但是希望有人來拉我們，這是需要尋求外界，條件是否成立，要看外界是否有機遇。

所以，我們要學會自我給予。愛不一定非是愛情，愛也未必一定要來源於某個人。事件，物體一樣也可以。當我們做自己喜歡的事，自我產生熱愛的時候，這股愛的能量也能療癒我們。我通過做了熱愛的年會小品這件事，全情投入，自主生發的熱愛的能量，短暫的療癒到了我。

熱愛當然也是愛的能力。葉聖陶說——你可以選擇做熱愛的事情，那樣每隔一小時，你都感覺到自己的充實。

梭羅說——熱愛就是微風中的細碎落葉，就是泉水的聲聲細語，是秋日午後陽光透過樹葉細縫的陰影照向奔跑的孩子。熱愛是一種全然沉寂的入定，帶領我們走向生命的最高境界。若我們能專心沉寂在熱愛的事物中，會覺得自己充滿力量。熱愛成功幫我轉移了注意力，雖然這只是治病不知本的辦法，因爲徹底的療癒是爲了了悟，只有了悟後，才算眞正完成療癒。但就當時而言，排練小品這件事幫我暫時性的忘卻了情傷苦楚。

但好景不長，雖然因爲成功策劃了年會節目，讓我在那一年備受領導嘉善，才藝名聲傳至全國各地分部。但華光流轉，歸於平靜後，我依然還是會對自己的創傷自憐自艾。偏偏爸媽覺得此時我應該抓住青春的尾巴，趕緊再覓良緣，不能繼續沉淪在傷痛中，蹉跎歲月。那年春節後，舅舅病入膏肓，無力回天，最終駕鶴西遊。不用再操勞舅舅之事的媽媽便重新把注意力轉回到我身上。

媽媽認爲要想修復我的傷痛，唯有再開始一段感情，借著新人對我的憐香惜玉才能忘記舊人對我的無情傷害。自然外求是不可能獲得眞正的安全感與療癒的。想著從一個人身上的索取轉移到另外一個人身上，這樣跳船式的索取，只會爲我帶來更大的痛苦。但是因爲媽媽總是想要極力掩蓋我這段傷疤，所以迫不及待地爲我安排了更多的相親局。

當時我雖然還不到三十，但已從風華正茂淪爲二婚離

異，在相親市場中屬於鄙視鏈下端。從前的心高氣傲也被踐踏得體無完膚，給我介紹的媒人都開始勸我，找個條件差一點的，不介意我有過去的老實人，差不多就行了。

這些話對我來說更是傷口撒鹽，我不接受這些標籤。什麼算不介意我的過去？我的過去怎麼了？被騙婚是我的錯嗎？爲什麼無辜受害的我必須要找條件差一點的？條件的好差是對等什麼？能接受我的人怎麼就變成老實人了？我是有多不堪？接受我的人，是因爲老實無能，只能降尊紆貴選擇我？現在的我在媒婆的矩陣價值體系裡，已等同於殘次品？

我是有傲骨脾氣的人，不會接受被人嘲笑，更不願被人指手畫腳。最關鍵的是我接納自己，我不認爲自己因同妻事件就低人一等。錯不在我，爲何我要備受爭議，夾著尾巴做人。

我開始排斥相親，每次談到相親話題都會和家裡大吵一架。

但隨著年歲漸長，母親看我依舊孑然一身，便夜夜以淚洗面，述說著對我婚姻之事的無奈和擔憂，希望我面對現實，她不斷的勸說我，大致意思都是，已然不是青春年華，又何須固執己見，降低門檻，把自己嫁掉才是當務之急，免得將來後悔莫及。

父母對我是愛的，他們怕我孤獨終老，怕我臥病床前無人照料，因爲愛而引發的恐懼，逼得他們終日愁眉不展，總是奔著結婚的目的，而完全忽略我內心的感受。當時，比我年紀小四歲的妹妹順利結婚了，我這邊淒涼慘澹，她那邊鑼鼓喧天，對比之下的壓力更讓媽媽的心態招架不住，繼而勸說全家親戚都來做我的思想工作，翻來翻去主導思想就是降低要求，湊合著過。每逢佳節只要家族聚會，我便成爲全家人的規勸對象。

當初的媒人外婆更是以一副命令的姿態質問我，時間過去這麼久了，難道還在「同妻」陰影中徘徊嗎？亦或是一朝被蛇咬，十年怕井繩了？始終不找對象，不結婚是還在責怪外婆當初的錯點鴛鴦？唯有趕緊把自己再嫁出去，才算掩蓋了外婆當年的無心之失。

聽到外婆如此肺腑之詞，家族中的長輩自然開始幫腔。他們擺出一副站著說話不腰疼的樣子，指指點點的提一些不合邏輯卻又自命不凡的生活經驗，端著以老賣老的權威姿態，對我的時間節點進行強迫規化，最後外婆還會以年歲健康爲由逼迫我完成她此生最後的心願，不然她說她即使進了棺材都不能安然閉眼。好似我若不去結婚，她就死不瞑目，借著是家中最大的長輩身分振振有詞的對我進行孝道批判。

外婆，這個家中最大的家中最大的封建權威代表者，總是以「我爲你好」爲理由，要求子女們滿足她的喜好。曾經每逢佳節她總是抹淚催婚。一邊回憶往昔，訴說自己含辛茹苦養大孩子有多不容易；一邊含沙射影的指出目前整個家族

中，最放心不下的就是我的婚事了。

當時我大姐早已因爲她整天催婚，與我們整個家族斷絕往來，小妹妹還在念書，未到成婚之時。形單影隻又是適婚年齡的只有我，我便成了外婆終日催促的靶心。即便曾經她牽線過那樁同妻悲劇，如今她也早就忘到九霄雲外了，依舊笑呵呵問我，何時才能再喝上喜酒，好讓她含笑九泉。之後親戚們便跟在她身後，隨聲附和道：「是呀，是呀，別讓外婆死不瞑目呀！」還有奇葩親戚爲博得她老人家歡心，甚至要求我寫下保證書，將婚事定爲明年工作的主要產值目標。

相信如此諷刺，專制，無知又任性且始終堅持己見，我執甚是嚴重的長輩，在社會上屢見不鮮，我外婆只是一個典型案例。長輩們有他們自己需要完成的功課，長輩需要學習放手，要相信兒孫自有兒孫福，要學會放手和尊重。有些長輩認爲子女成家了，好似自己的人生任務完成了，也就是說子女結婚是長輩給自己定的KPI。比如我外婆就成天緊盯著自己的業績考核，終日掛在嘴上的話都是，倘若我不結婚，她便死不瞑目。直到有一次，忍無可忍的我向她怒吼出：「那你就死不瞑目吧！」她先是一震，大爲吃驚，而後開始像祥林嫂一般，對家族裡所有的人碎碎念我這不孝之語。逢人她就一把鼻涕一把眼淚哭訴自己的委屈，大致意思就是：「蒼天無眼，生出了我這麼個當衆頂撞她的逆子，她90幾歲的人了，活不安心，死不痛快，都是拜我所賜。」這些翻來倒去的車軲轆話一刻不停的騷擾著全家族。

很可惜，直到現在，外婆依舊沒能過掉放下我執這個功課，她始終覺得，自己強勢的權威與瞎操心是一種偉大的愛。冥頑不靈和執著固守可能是她這個年紀最後的尊嚴與安全感了吧，不禁為這樣的老人感到惋惜，辛苦為人一生，沒能在事件中成長與反思，到頭來只得抱著歲數和白髮為籌碼，不斷的要求子女配合她，順應她，眞是令人唏噓。

第二個是關於父母的。有些父母會認為，成家立室便有人相依相靠，在社會浮沉中不再風雨飄搖，有人能為自己遮風擋雨，這讓父母感到放心。當然這樣發心的父母，對我們是愛的。而宇宙中最眞的孝道其實就是讓父母放心。既然父母希望我們結婚也是為了能放心，那麼我們就要在現實生活中眞正做到不讓父母擔心。父母看到我們自己能把自己照顧好，不再為我們擔心，自然會放掉催婚的焦慮。

這些是我穿越過集體枷鎖與家族壓迫後才能得到的力量與智慧，但是那時的我是沒有內在的力量去抗衡這些的。我說不出拒絕的理由，也活不出瀟灑的姿態，最關鍵的是我還沒有全然的自我肯定。爸媽在外婆的一哭二鬧中成為了夾心餅乾，總是旁敲側擊的讓我面對現實，好好想想未來生活的出路。

長輩們的話還是會影響到我，讓我自我懷疑。失眠的夜裡我當然也會質疑自己，究竟我是不是眞的太作了？還是眞

的自不量力想要高攀？但後來靜下心來，我細細感受自己的發心，誠實面對自己。我認爲，我只是想找一個互相理解，有共同語言，且能欣賞我內在品性的人。我不認爲這是高攀的要求。我希望對方能認識到我品性的純然，而非物質的條件。如果暫時找不到這樣的人，那麼我就只能保持獨身，這是無奈之舉，並非好高騖遠。

而且經過「同妻」事件後，我反思到，其實在事發之前，我自己是有直覺能感覺到對方存有蹊蹺的，但是因爲懶惰和甘願沉溺在美好虛幻中的僥倖心，讓我沒有細追下去，才最終釀成大禍。因而，現在我更要以自己眞實的感受去選擇一位伴侶，這樣的想法是吃一塹長一智的經驗總結，不是什麼不自量力的虛榮。旁人都不是我，他們都不懂我的痛，但如若經過這般血淚的教訓，我還學不會對自己負責，那恐怕才是罪該萬死。這個世上，只有我們自己能爲自己負責。

可惜我不是齒牙餘慧，兩面三刀的高情商之人，哪怕是哄騙長輩虛情假意的善意謊言，對我來說也難如登天。性格眞實的我在沒辦法改變家人觀點的時候，只能選擇隔離他們。

在之後的整整四年，我沒有參加過家族聚會，即使歲末除夕，我也選擇獨自一人，遊蕩在外，拒絕參加家族聚會，更避免見到外婆那張祥林嫂一般的嘴臉。

新友渡我如慈航

沒有家人理解，拒絕一切家族聚會的我只好把精力都投入到工作中。那一年我除了幹公司的工作還到處接私活，從來衣食無憂對錢沒什麼概念的我，開始向別人討活幹。不管出價多少，不挑專案週期，只要有事做，我就接下來。借著忙碌的工作，可以暫時忘掉心中的苦楚。

那四年裡，我的人際關係變得更爲簡單，和我年紀相仿的閨蜜大多都結婚了，她們開始了相夫教子的生活，與我的話題也漸行漸遠。除了一起共事的同事，我幾乎沒有其他朋友了。這時命運的劇本給我送來了一位好友——小柒。

小柒的性格與我截然相反，在旁人看來，她有些許霸道專橫和勢利，但是這樣的性格也正好補缺了我的隱忍與退讓。在我當時的朋友中，她是唯一一個知道我有「同妻」經歷的朋友。

一次正在上班畫圖，畫著畫著我又想到命運不公，委屈瞬間湧上心頭，按奈不住的跑去頂樓哭泣發洩情緒。正在我哭得肝腸寸斷之時，剛好被小柒撞見，她起先被我崩潰欲絕的狀態嚇了一跳，之後再三追問下，我才斷斷續續說了些碎片資訊。小柒是個聰明人，只需三言兩語的碎片拼湊，就大致還原了事件的原貌。

也許是聽完我的遭遇，小柒有些惋惜和憐憫吧，自那之後，她便常常與我搭話，知道我情繫工作，她還介紹私活給我。一來二往之下，我們成爲了朋友。我很感激她對我照顧和開解，在那幾年裡，小柒常常陪伴我。我不是個會來事的人，平日裡除了上班也不會想著去哪裡玩耍放鬆。小柒很愛玩，經常週末邀請我一起去踏青，她知道我喜歡看電影，也會配合我的喜好買票。有假期的時候，她會提議短途遊，我們一起走過小橋流水，一起探尋深遠胡同，不可否認，在小柒的陪伴下，我一步一步復活過來。但我還是時不時就會被一些莫名的情緒影響，內心掙扎萬分，每每想到天道不公，也會不顧場合，不管身處何地歇斯底里的大發脾氣。

有一次我們去看電影，螢幕上的故事觸到了我的傷口，小柒又說了些不合時宜的話，我的情緒突然就崩潰了，立馬站起身來，奪門而出，不顧形象地在跑到大街上嚎啕大哭。小柒趕忙追來，不斷安撫我，在她耐心的引導下，我逐漸平靜下來，但是依舊喃喃自語：爲什麼，爲什麼上天要這樣對我？

小柒歎了一口氣說，其實在她第一次聽到這個故事時就想告訴我，正是因爲我保守的性觀念，認爲婚前性行爲是不道德的，是這樣的評判心才讓對方有機可乘，導致我成爲騙婚最好的獵物。

我不解：「難道我傳統保守，對感情忠貞，重視性行爲這也有錯？」

小柒回答道：「重視性行爲當然沒錯，可爲什麼非要有婚前或婚後的評判，性難道不是感情昇華的自然表現嗎？」

小柒的話，如當頭棒喝敲醒了我，原來我一直引以爲傲的貞潔觀居然是我的禁錮鎖，我對性的二元評判，導致我眞的盲婚啞嫁走進了那場黑暗悲劇。這種婚前婚後的分別心才是不幸與欺騙的溫床。萬事萬物都是神聖的，神聖沒有任何屬性，而那一句「性難道不是感情昇華的自然表現嗎」也點醒了我初戀失敗的始末原由。

這是我第一次價值體系的崩塌，因爲在初戀這裡我沒能領悟，命運便只能給我上了如此慘痛的一課，幡然領悟的我除了自尊碎滿一地，也盡啞口無言，畢竟血淋淋的事實擺在眼前。

固然「同妻」事件，我是絕對的受害者，但我們若要從廢墟中站起來，必須以「反求諸己」的反作用力才能掙脫泥沼。關於陳生的欺騙，他不敢做眞實的自己，未能與社會主流抗衡，他因自己的懦弱，生拉硬拽地把我拖下水，這些良心與道德的譴責是他的功課。而我不能把力量一直用在持續關注他，我若一直沉溺其中，便永遠無法擺脫。如果我們一直恨著某個人，那恨就會把我們和那個人緊緊綁在一起，我們的注意力在哪裡，力量就會被鎖定在哪裡。如果我一直覺得命運對我是不公平的，那麼我只會吸引來更多類似的不公

平。

即使在「同妻」事件中，我作爲絕對的受害者，但也要借用「反求諸己」的反作用力幫助自己與那股怨氣切割開來。果然，當我眞正接受這一切都是因爲自己對性的錯誤認知而導致的悲劇時，我確實走出來了。用後來靈性成長的話說就是，一切困境的編導者都是自己，我們都該爲自己負責。

享受孤獨，練就獨處

每一段緣分都是上天的安排，宇宙中沒有偶然。在點醒我之後，小柒也因工作調動原因，不再能整日陪伴我了。之後的時間我開始了漫長的獨處考驗。

獨處的能力是非常重要的，在我現在的諮詢中，我也總是和大家強調，必須先練就出獨處的能力，才能真正決定自己未來的方向，學會獨處才會帶來內心真正的安穩。這是一種篤定的自我滿足。

獨處讓我們懂得，自我的快樂不來源於外界，而是來源於我們自身。當我們對外界期望越高，反而會得到越多的失望。獨處讓我們找到人生的真諦：我們的快樂來源於自我的滿足。一個人最大的痛苦就是無法與自我和解，而在獨處中，我們正好可以全然接受自己。

網路上有段子，看看一個人孤獨的等級表。我經歷過一個人逛超市，一個人去速食廳，一個人看電影。據說頂級孤獨是一個人做手術，這個我在小學二年級時早已經歷。看來對於我的獨處曆練，高維從很小就開始培養我了。

當這些孤獨都不再能影響我的時候，我開始找尋自己感興趣的事。我開始學做手工，自己縫製包包。雖然笨拙的手指被紮出血泡，但是在熟能生巧後，也能縫出個完成品。

看著自己縫製出線條流暢的成品包包時還是會有滿滿的成就感。學會後，我就給每個朋友都送了一個，既打發了時間，又熱絡了情感，覺得很有意思。

一次在朋友家嘗過一次私房蛋糕後，我又對烘焙產生了興趣。回家後就開始搗鼓各種食譜，買器材，買原料，研究網上各種菜譜，甚至自己琢磨新的烘焙方式和材料搭配，休假日足不出戶在家做廚娘。那一整年裡，從清明的綠豆糕到端午的蛋黃酥，還有中秋節的月餅以及耶誕節的蛋糕，我都一一承包了。家人和朋友們嘗過後也都讚不絕口，這更增添了我的信心。

後來我又突發奇想去採購一些配飾配件，自己學著編手繩。我自己在網上找到編繩子的教程後，配上好看的配件，搭配不同的珠寶，手鏈編好之後，送給朋友們，人手一條，大家也非常喜歡。

我這邊正在接受和習慣孤獨，母親那邊也不消停，還在猶如複讀機般的催促我相親。為了窺探自己究竟何時才能紅鸞星動，我求遍了各類占卜算卦。雖然我一直自己研究占星，但也還是到處請求大師。甚至迷信地認為，也許東方人不適合星盤，可能傳統的五行八字才能占出我的未來，於是我樂此不疲地把錢都投進求神問卜算卦中。聽聞泰國的四面佛有求必應，我不遠萬里飛過去求姻緣。據說廣州的易經大師名震香江，我也立馬帶上自己的生辰八字誠意赴面。風水大師們推薦的寓意締結良緣鸞鳳和鳴的吉祥擺件，我亦不敢怠慢，統統請回家。

但是不管我怎麼求，怎麼算，老師給我的答覆都是，桃花不少，毋庸擔心，放寬心態，明年將至。然而，年復一年，姻緣皆如夢幻泡影，遲遲不來。爸爸媽媽開始諷刺我，說我花了這些冤枉錢難道還不明白，卜卦終究是迷信，不如踏實找個人結婚才是實在，不要再把精力浪費在這些神叨叨的事情上。甚至親戚們開始哀聲載道，替我惋惜，總結陳詞：「我之所以成爲大齡剩女，是因爲太過迷信。」差點我就要被他們劃入神經病行列了。

與此同時，外婆還在不斷騷擾媽媽，終日在媽媽耳邊吹噓剩女之風。什麼年紀大了生孩子要難產，已經是二婚的掉價女人了，再不找個人嫁掉將來就要孤獨終老了，孤獨終老死在家裡也沒人發現，最後連身後事都沒人幫忙操辦。不得不佩服外婆在靈魂團隊中眞是兢兢業業的扮演著反面角色。

我媽本身就軟弱，也沒什麼自主意識，在外婆長久的焦慮吹鼓之下只好再把怨氣傳遞給我，開口閉口就問：「你到底如何打算自己的將來？」

我能怎麼打算將來？彼時的我對自己的將來，也是一臉迷茫。無奈之下，久病成醫的我，只能學習更多神祕學的技術，八字，紙牌，塔羅，生命數字等等但凡我有興趣的技術都會去學一點。順便我也系統地跟著老師學習了占星，慢慢

地從求問一個結果，轉變到對技術的探索。當然這只是默默進行，在媽媽看來，我依舊只是個迷戀算卦，但是自己的運勢，永遠都算不准的神叨叨神婆。

不可否認，在後來的學習中，我的技術確實日益精進，甚至開始融會貫通，我能把好幾種技術融合在一起理解。公司裡還有好幾對情人的地下戀被我預言準確，從而在朋友圈中名聲大噪。只是每當我興致勃勃和媽媽分享說，我鐵口斷出的某某某會如何如何，果眞被我說準了。媽媽迎頭就是一盆冷水：「那你算算自己終究要等到什麼時候才能嫁出去？」

這樣的冷嘲熱諷我沒少受，當然覺得索然無趣。但心中也不免納悶，爲什麼我算不準自己的命運呢？究竟是我學藝不精還是奇葩一枚？可爲什麼這麼多老師也都無法推測準確呢？直到命運把我推上雙生之路後我才知道神祕學技術到底該如何理解的。

但凡能被算準的都是業力，業力有一定的規律和定數，只要人能超越固有模式，重建信念體系，便能衝破業力主宰自身命運。而雙生之旅就是通過不斷崩盤我們的限制性信念，最後達到脫離業海，改寫命運劇本的靈性成長之路。在以往學神祕學技術的課程中，我認識一位與我同年同月同日同時出生，八字完全相同的同學。在我後來遇上雙生的時候，正是她結識老公的時間點。在我開始意識到雙生概念，逐步脫離三維相信高維的時候，正是她步入婚姻的時間點。

我們的大運流程一模一樣，卻因爲個人選擇，走向了完全不一樣的方向。神通不敵業力，即使有宿命通，即使請大師做法，也抵不過因果定律下的業力。可是業力不及願力，唯有眞心知道自己要做什麼，自己想做什麼，心的力量可以衝破業海，逆流而上。在那個時間點，一樣的流年大運下，我們選擇了不同的方向，相信我們的未來也一定是截然不同的。當然感謝高維送給我「雙生覺醒」的測試，這是我比同年同月的她幸運的地方。

走上雙生之路

一切有為法，如夢幻泡影，如露亦如電，
應作如是觀。

內在探索從疑問開始

時至今日，我已快到人生第三個本命年，相親這場化妝舞會已經讓媽媽都感覺疲憊不堪了。我這個年齡再加上短婚的經歷讓說媒的人都只能閉口藏舌，媽媽也不好再爲我四處張羅，但言辭之間充滿了對我未來歸宿的擔心。尤其是外婆明理暗裡逮著機會就向媽媽散播恐懼與焦慮。我自己反倒落得個自在淸閒，再不用穿戴漂亮地和一個陌生男人坐在飯桌前明碼標價了。

在淸閒的日子裡，我深入學習了占星課程，並且跟著老師做了心理長程輔導。占星老師告訴我，我本命盤中的金冥刑，火土刑，乃至凱龍星落7宮，這些都意味著我會被情感所傷。建議放低情感在生命中的比重，薄情寡愛才能避免受傷。之後話鋒一轉，也勸解我，不如抓住靑春的尾巴，放低要求，趁著未來還有幾年的桃花時運，趕緊把自己嫁了，沒必要死軸硬磕，油鹽不進，所謂情深不壽，大致如此，勸我好自爲之。

雖然對於命運情路的不公，我已能淡然釋懷，但也僅僅只是出於對「因果」業障的理解。聽了老師的話，我再次認爲，情路坎坷的際遇是上天對我的懲罰，而懲罰的原因也許是因爲前世造下某些孽障吧。但是我還是忍不住問：「爲什

麼要對我設下這些懲罰，究竟上輩子我是做錯了什麼？」在心理長程結束後的那個晚上，依舊是皓月當空，月朗星稀，我深歎一口氣，對月長抒道：我臣服命運對我的安排，且不會自暴自棄，即使占星老師告訴我要降低要求，我也依然有自己的堅持。我還是想追尋同頻相吸的愛人。但是命運爲什麼要如此對我？難道渴望一份眞愛有錯嗎？

我忍不住對著天空不斷的問：「爲什麼？爲什麼？」

後來我在讀到《靈魂出生前的計畫》這本書時，理解到，當我們問出「爲什麼」的時候，正是開始向內探索的第一步。書中寫道：當你問「爲什麼」某件事會發生或者正在發生時，這時你會產生一種強大的能量，將你尋求的答案吸引到你身邊來。無論你的意識頭腦是否察覺得到答案，這股透過發問「爲什麼」的能量，都極具療癒的力量。且如果你能在問出「爲什麼」後就放手把問題交給宇宙去處理，而不是喋喋不休的必須當下、馬上、立刻獲得宇宙給你的解答。那麼在時機成熟時，宇宙會把答案帶到你身邊。

我是在問完「爲什麼」後的一年，才走上了雙生之路，且在走完整個雙生道路後才眞正知道「爲什麼」。時隔五年，這個答案姍姍來遲，但又如期而至，這便是臣服的力量。

最開始知道雙生概念的時候，我是排斥的。雖然從小我就喜歡神祕學的技術，對靈魂也有好奇心。但是突然告訴我，這個世界上有一個人的靈魂是與你是完全相同的，我們有著同樣的靈魂藍圖，如此玄幻詭異的說辭，還是讓我難以置信。初初知道雙生概念的時候，我查遍了百度百科，搜集到了任何我所能搜集到的關於雙生概念的資料，反復琢磨著看。夜夜刷著手機，一篇篇的翻看，有時候即使睡眼朦朧，還堅持挑燈夜讀，我想要是念書那會兒能有這樣的專注力，應該也不至於數學會這麼差勁吧。

衆多的文章資料中指出，雙生火焰是由同一源頭分裂出來的陰陽兩個靈魂，他們在共同的旅程中經歷著各自的發展與成長。他們之間存在深刻的吸引力和不可能扯斷的鏈接，這是一種超越傳統的愛情關係。我們的靈魂是由特定的代碼被創造出來，成爲獨一無二的自己。這是一個普遍的規律，就像身體的DNA遺傳構成了我們的身體特徵和性格脾氣，靈魂也是如此。而所謂的「雙生火焰」就是與你共用同一套DNA的靈魂。

正是因爲網路上鋪天蓋地這樣的描述，使得很多走在雙生旅程的朋友們，即使痛徹心扉，即使被肝腸寸斷，即使五內如焚也依舊咬牙淌血得走在雙生旅程上。我自己也是如此。

一次次的表白被拒絕，一次次的熱臉貼上冷屁股，一次次的被無端端的放鴿子。多少次想要放棄的時候是雙生火焰靈魂鏈接的概念支撐我走下去，又有多少次想咒天罵地的

時候是雙生合一的美好願景牽引我堅持住的。當然感謝宇宙「以欲勾牽」的指引方式，讓我堅持走完整個雙生旅程後才明白，其實不僅僅是「雙生火焰」，而是所有與我們有靈魂契約的靈魂都與我們共用一套生命密碼，我們可以理解爲整個宇宙就是「量子糾纏」就是此消彼長，此起比伏的關係。

時至今日，我早已不再關注和糾結，那個人到底是不是和我共用同一個靈魂DNA的雙生。「雙生火焰」不是一個名詞，而是一種概念，是永恆眞愛的代名詞。雙生火焰是一種高度鏈接的精神關係，經歷「數世輪回」，幫助靈魂覺醒，最終使得靈魂脫離業力洪流的不求回報之愛。只有不求回報的愛，才能幫助靈魂從業力中分離開來。於是「雙生火焰之愛」也被稱爲「靈性之愛」，是我們能在三維世界享受到最高版本的愛。換句話說，誰能給到我們三維世界最高版本的愛，誰便是我們的「雙生火焰」。雙生關係，不是具體的兩個人的指定牽絆，是在茫茫人海，尋找出能給到你靈魂之愛那份體驗的人。

這段關係的存在不是爲了讓我們停駐於找某個人，或者依偎進誰的臂彎，而是讓我們成爲「更好的自己」，這是一段會帶領我們回歸自我，努力去完成靈魂功課的使命之旅。

只有成爲「更好的自己」，才能體驗到靈魂深刻的愛。曾經我們總是嚷嚷著要找靈魂之愛，可是如果連自己靈魂的模樣，眞我，都未能找到，我們又如何用靈魂去吸引靈魂呢？

雙生旅程，會把我們每個人心底的東西都翻出來，這些東西是指，我們兒時的創傷，我們的悲傷與痛苦，我們分離的想法，舊有的模式，以及我們被局限在其中限制性的信念。修復這些創傷印記，遠比盯著判定眼前那個人究竟是不是與自己共用同一個範本的靈魂DNA來的重要。

我的紙牌生命牌是方片8，方片8的宇宙回報是紅心7，紅心7的意義便是「無條件的愛」。很慶倖，在經歷了一次次無情譏諷的情感劇本後，我差點以爲天造地設的感情根本不復存在。在跌跌撞撞，千磨萬擊，狼狽不堪走完整個雙生之後，我終於迎來了一個無條件愛我的人。他告訴我，在前半生暴雨般的衝突與矛盾中，我是他獨一無二的玫瑰，且無需旁人評判。我在穿越雙生旅程後宇宙確實爲我送來了無條件之愛。

雙生之路帶來的自我重塑

我們生活在一個迅速覺醒的時代，而雙生旅程恰恰是幫助人們覺醒的方式，是衆多通道中的其中之一，這是一趟精神之旅。正如亞裡士多德所說：「我愛我師，但我更愛眞理。」雙生火焰旅程的終極意義是爲了自我覺醒，爲了找尋宇宙眞理，爲了修復療癒圓滿自我的靈魂，才被設計的旅程。在這趟旅程中我們的所有都會被測試，勇氣，信任，忍耐，慈悲，善良，智慧，以及手段和魄力。經過這趟旅程，我們將會從所有關於生命和自我的舊有信念中脫穎而出，重塑一個完全嶄新的自我。只有完全拋棄了舊有信念，才能算是脫胎換骨，涅槃重生。

相信在這趟旅程中的我們，不會只經歷一次所謂的「靈魂暗夜」。有些國外的靈性療癒者將「靈魂暗夜」稱爲是靈魂從肉體之家過渡到與神合一的橋樑，暗夜則描述了靈魂爲覺醒所忍受的艱難困苦。通過擁抱黑暗，我們超越了自我。我記不淸有多少次，我在半夜哭醒，甚至有整整一個假日，我就一直躺在床上發呆，眼睛瞪著天花板，愣愣得問自己，發生這一切，究竟是爲什麼？我一直在哭，感覺自己快走到懸崖邊了，放眼望去，沒有一座可以通行的橋樑。猶如塔羅牌愚人牌的牌面一樣，後面是驚濤駭浪，前面是懸崖萬丈，我被逼到無處可退，可靈魂卻在呼喊我縱身躍下，體驗旅程，重塑自我。

靈魂暗夜是將我們原有的自我認知瓦解然後再重建的過程。每個人的一生其實都是在往覺醒的方向前進，只是有些人知道，而有些人不知道。在前進的過程中會遇到各種困難和挑戰，表面看起來這些困難是阻礙我們前進的絆腳石，而實則這些困難，既是我們絆腳石也是我們墊腳石。通過克服困難與挑戰極限，我們的意識不斷提升，在提升的過程中，我們舊有的意識就會不斷崩盤瓦解。

崩盤舊有意識得到靈性提升的原理類似於「一葉障目」。當我們拿一張紙擋在眼前的時候，我們除了這張紙以外，看不見更多。而當我們拿開紙張，才能看到平面以外的三維世界。同樣，在三維世界中，我們也存在很多認知障礙，而「靈魂暗夜」就是不斷崩盤我們這些障礙，摧毀這些舊有信念，從而達到更高的意識提升。在佛學的概念裡叫「眞空妙有」。放掉三維的執著，崩盤三維的舊信念，得到四維的妙有，放掉四維的執著，崩盤四維的我執，得到五維的妙有。

於是在一層層的信念瓦解，一次一次的極限挑戰中，我放掉了驕傲，從來不主動的我，開始對我的「雙生」秋波暗送。我放掉了固有的生活習慣，暗下決心，倘若有需要，我可以爲之拋棄一切原始基礎，換城市，換工作，背井離鄉，在所不惜。我放掉了依賴，把曾經一直想找依靠的擇偶心理，自動調整到甘於奉獻的配合主義。我放掉了年齡焦慮，對時間線的掌控，抱以臣服的態度，不再要求必須在何時何點完成合一，以開放和信任宇宙的姿態，迎接一切不確定。最後我甚至放掉了對「雙生」的執著，不再糾結和關心，這個人到底是不是我的雙生，究竟有沒有同一個靈魂這回事。而我之所以用引號來表達雙生，是因爲在我穿越了整個「雙生旅程」後才知道，「雙生旅程」的重點核心詞是在「旅程」，而非那個人。那個人不過是渡我走向智慧彼岸的船隻，上了岸就要丟掉船。如果非要抱著船隻前行，只會寸步難行。在旅程中我們擁有勇往直前的勇氣，在到達彼岸後，我們需要適可爲止的智慧。如此這般，既有開拓的勇氣，又有收手的智慧，智勇雙全，方可成事。

後來我才明白，宇宙如此精準的以「雙生」爲考題，就是要我們達到拿得起，放得下，恰如其分的中道智慧，進退自如，陰陽平衡，才能算自性圓滿。

可是在渡河的過程中，要層層放掉底線與原則，對我們來說還是像抽筋拔骨一般痛苦。整個靈魂暗夜的過程持續多久，取決於我們對宇宙臣服的程度。我因爲經歷過從前的奇葩情感和一路都在學習神祕學技術，對於靈魂與命運這些概念是不懷疑的，臣服對我來說不算難事。可即便如此，整個靈魂暗夜，也讓我痛不欲生。

整個覺醒的過程就像登山，每向上一步，我們就能看到更多的風景，鳥語花香，山谷疊巒。覺醒是個漸進的過程，最開始的時候，我們感受良好，充滿熱情也很積極。小我以及頭腦意識會讓我們自我感覺良好，有優於其他人，高於三維物理認知的優越感，彷彿形而上學的東西要高於三維物質的東西。但這只是小我和頭腦爲我們設下的陷阱，在剛覺醒的時候，這一切的發生都是很正常的。可是當我們越爬越高，看到的東西更多更遠的時候，我們會明白，其實我們每個人都走在自己的靈魂道路上，只是有些人清醒的知道，而有些人糊塗的過著，有些人有覺知的連番跳躍著前進，而有些人茫然無措的原地打轉。

然而當覺醒的旅途進展到一半時，才更考驗人心。我們會覺得越來越艱難，越來越沮喪，這個時候，我們原始的熱情已經褪去，堅持的毅力開始動搖，持之以恆的耐心也所剩無幾。就我個人體驗而言，在旅程的中間段，我無數次想放棄，本就是理性主義的我更開始懷疑這一切的荒唐。我開始咒罵自己，咒罵「雙生」，咒罵天地，問老天，這到底是活見了什麼鬼，讓我攤上這等事。從前感情一路坎坷好歹對象還是個人，現在這樣霧裡看花，水中撈月的情況，怎麼就變成靈魂了？套上靈魂的鏈接帽子，就活該受這等活死人罪嗎？心情最差的時候，我甚至想過開車撞牆以此洩憤。

幸運的是，摯友蔥花一直在我身邊陪伴我，鼓勵我。每

次在雙生這裡受得莫名之氣，我都無意識的轉嫁給了蔥花，搞得她在整個旅程中成了我無辜的出氣筒。但蔥花非但沒有與我計較，還時常鼓勵我，陪伴我，眞的非常感謝蔥花的支持。

陪伴是非常重要的精神支柱，如果沒有蔥花不離不棄的陪伴，我是不可能走完全程的。可以說，我之所以能走完旅程，參悟雙生劇本，最終實現涅槃重生，蔥花的陪伴，功不可沒。我們孤獨的修行之路，如同獨自趕夜路，一不留神就有可能掉進坑裡。如果只有我們自己，也許我們會暈很久，而如果此時我們有結伴的同行者，他們就會拉我們一把，抬我們一手，告訴我們「別被打垮，繼續加油呢！」僅僅只是這樣一句話，可能就有讓我們重振旗鼓的力量，這就是陪伴在我們生命中的重要性。而當我們進一步擴展「陪伴」概念的時候，我們會發現，作爲陪伴者，陪伴的是他們自己投影出來的外在。於是陪伴的整個過程，也是內在生命成長的過程。蔥花在陪伴我走完雙生旅程後，自己也實現了覺醒與揚升，成爲了最圓滿的報身。

我是嘗過陪伴甘果的，所以我現在的教授方式，也是鼓勵學生找志同道合的朋友，給他們兩兩配對，多人建群，鼓勵大家互相結伴，共生共融的成長。

蔥花鼓勵我說要堅持，錨定自己的目標，就不要總是打退堂鼓了，不管結果如何，我們在有限的精力裡需要做到盡力。在她的陪伴和安撫下我只得再次臣服，雖然我們都不知道前路何去何從，也不知道問題究竟出在哪裡。當時我已經翻遍了所有能拿到手的雙生資料，並且依次療癒和修復自己。釋放了恐懼，重燃了信念，療癒了原生家庭，以及放掉一切類似抓取的行爲。然而所謂的「雙生」依舊一動不動，他既不想聽我的表達，更不願意表達自己，後來我發現他離我越來越遠，回避的態度比起從前，反而有過之而無不及。每每看到我還像躲瘟疫似得假裝視而不見，但你若是大膽的叫住他，他又會擺出一副熱情至極，喜迎聖駕的樣子。人格分裂，表裡不一，裝模做樣得讓我懷疑神聖男性究竟是不是神經病男性的意思？

我有憤怒，也有怨懟，但是更多的是不解，我不明白爲什麼會這樣，我深深相信宇宙，且臣服靈魂，可爲什麼修了半天彷彿修出了個背道而馳和事與願違？爲什麼越修對方越回避？越修對方離我越遠？我再次向宇宙拋出了「爲什麼」？

抄血經求指點

行路難，行路難，多歧路，今安在？長風破浪會有時，直掛雲帆濟滄海。這是我在走不下去的時候，反反復複鼓勵自己的話語。咬定青山不放鬆，立根原在破岩中，千磨萬擊還堅勁，任爾東南西北風。在我被折磨得精疲力盡，奄奄一息的時候，這些詩句就像興奮劑一般提著我頭髮，拖著我繼續前進。覺醒的旅程就像問鼎珠峰，這種攀登需要你全部的能量和力量，考驗著你的忍耐與信任還有意志力。無計可施的我，除了臣服和等待，別無他法，我好像走進了死胡同，四面高牆將我困在其中，雙生的概念我已然堅信，療癒創傷我也從未怠慢，可爲什麼三維境況如此差強人意。

爲了再次尋求啟示，接受指引，我決定抄血經。用自己的血液兌調一些朱砂開始抄經。我的想法是，反正我已經把所有的關於雙生的資料都翻爛，並且實施了，再也不能在雙生資料中獲得更多靈感了，但是我依舊沒能得到關於「眞相」的答案。我就請佛主啟示我，告訴我「眞相」是什麼？

那我只能以抄血經是聊表誠意，請求宇宙再給我指引。於是我開始抄了32萬字的血經。一共14遍《僧伽吒經》7遍給「雙生」7遍給自己。而當時，我想得到的所謂的「眞相」，也僅僅只是想知道，自己與對方究竟有沒有緣分，能否與這個人完成所謂的「合一」。而後來我才知道，我自認爲對佛主表示虔誠的14遍血經，其實是幫助我入定的過程。宇宙中的一切都是圓的，我們給出去什麼，就會得到什麼。在這14遍經書的抄寫中，我通過專注的入定，智慧得到了更高的提升。僅此而已，沒有誰要刻意懲罰或者要求我，一切都是我個人的選擇。

就這樣我開始了爲期三個月的抄經，但是頭號問題就是血從哪裡來？也不可能眞的如電視劇情節那般，咬破手指滴一滴血寫一個字吧。我想到的是抽血，可是醫院是不允許把抽出的血液帶離醫院的，而我又沒有熟悉的護士朋友。在走投無路之時，我又只能請蔥花幫助。我在網上找了抽血的教學影片，讓蔥花學習，然後又在淘寶買了些凝血管和抽血使用的針管。就這樣蔥花戰戰兢兢學著影片裡的樣子幫我抽血，雖然每次扎針的時候，我們都膽戰心驚，畏畏縮縮之下，還有一次出現了靜脈腫脹，但好歹我算是能抽到血了，實現血液自由。

有了血墨之後，就是時間問題了。當時我的工作已經很忙碌了，我就犧牲掉午休的時間，爭取在白天工作時間內就把工作完成，有時候啃個麵包，泡個泡麵邊吃邊幹，吃完就趕緊工作。爲的就是保證不加班，把晚上的時間空出來抄經書。

至於經書裡所說的內容，我也不是全然理解的。除了能

理解，因果，布施，諸惡莫做，衆善奉行這些簡單的道理之外，對於「不二法門」是什麼？根本不理解。佛經中說，不思善，不思惡？那奇怪了，我們要去思什麼呢？還有如果沒有善惡、對錯、是非，那人類又依靠什麼爲準則呢？既然無善惡之分，又何來衆善奉行呢？無眼耳鼻舌身意，無色聲香味觸法，又是個什麼境界呢？在抄經的時候，關於這些我是全然不理解的，哪怕時至今日我也不能說全然瞭解，參悟是個不斷探究的過程。但是不理解歸不理解，我如同小和尚念經般的，機械性的還是把發下的願完成了。

在我抄完經書的一個星期後，我被指引看了《與神對話》和《靈魂出生前的計畫》以及《宇宙本來的面目》這些書。沒想到這些書一下打開了我認知的新世界，佛經中那些晦澀難懂，玄之又玄的文字，在這些書中給到了我答案。我的心猶如乾癟的海綿，恨不得把書裡的智慧之水全部吸盡。追求眞理的日子總是快樂的，智慧之光彷彿在遠方對我招著手，我開始把大量的時間用於閱讀中。

我孜孜不倦的沉浸在宇宙的光圈中，有的時候工作到一半也會忍不住停下來，偷偷翻看幾頁書，吸食些靈氣再繼續幹活。這些書進一步的幫助了我摧毀小我，重塑人格，以及更好的臣服。

一般我們會認爲臣服是沒有力量的，經常讓人聯想到懦弱和膽小。但其實只有足夠勇敢且願意接受未知恐懼的人才擁有活在當下臣服的力量。

生活很少以我們希望的方式展開，在這些書中我進一步瞭解到宇宙的浩瀚以及人類的渺小。我們並不能控制生命中發生的事，這是一個不言自明的事實。宇宙至今已存在了138億年了，生命的河流不是在我們出生時才開始，自然也不會在我們死去時就結束。宇宙中的一切萬物都是在運動的，地球繞著太陽旋轉，太陽在銀河系中運轉，銀河系在星系中運轉。宇宙中沒有固定永恆的中點，沒有一個地方是所謂的核心。大家都是圍繞著彼此生生不息的運轉。臣服便是臣服一切萬物，我們不過是世界萬物中的一個存在而已。

在那段時期，我對「雙生」的關注逐漸減低，不再期盼見到他，不再渴望收到他的消息，甚至連他的情況我也不再關心。我已經從「雙生旅程」中真正打開了對靈性的全新認識。對於命運，宿命和星盤這些神祕學技術的認知也有了翻天覆地的提升。並且通過臣服我感受到了宇宙的滋養和天堂般的平和。慢慢的我開始在各個層面上整合自己，愛自己，我意識到痛苦是需要被解決，而不是被推開的。我沉下心來，仔細的回憶過去三十多年來自己的經歷，究竟是什麼導致我遭遇了那些坎坷的事件，又是什麼因數釀成了我的情感悲劇。在反求諸已中我逐步從受害者意識中擺脫出來，慢慢地內在力量的種子也蓄勢待發。

破敗的公司與辭職的決定

在此同時，我對物質的顯化也有了重新的認識。宇宙告訴我們財富是一種能量，我們不需要爲了生存而戰，也不必透支身體頻繁加班，更不需要趨炎附勢，踩低捧高，通過獻媚或者競爭來掠奪財富。宇宙中的一切都是能量，財富自然也不例外，愛因斯坦早就提出了，所有一切物質都是能量的表現形式。任何物質都可以轉化爲能量，以及任何能量都可以轉化爲物質。那麼財富物質的顯現是從什麼能量中來的呢？

中國人講得厚德載物，厚德就是能量，無德則無能，這個「能」是指能量。沒有能量就不可能獲得成功和物質。

對比而言，當時我已在公司看到越來越多領導無德的景況。他們利益熏心，貪欲甚重，對員工的壓榨依舊如同餓虎食羊，欲壑難塡。

因爲那幾年房地產行業縮水，連帶著我所處的景觀行業也受到牽連。公司效益節節敗退，領導爲了爭取專案，抓進生產，要求我們不斷加班，本就是超長工時的制度更是變本加厲到一周工作七天且一天工作十二小時。公司就像一個「吸血企業」。領導常常以「在這個內卷的社會能有一份工作就不錯了」或者「打工當然需要拼命，不能爲公司賺到更多剩餘價值的人，就不是可用之人」諸如此類洗腦的話術恐嚇控制我們。他們吃香喝辣，日進斗金，賺得盆滿缽滿，洋房豪車，絡繹不絕。可是轉身又對我們哭窮洗腦，埋怨世道艱辛。用少到可憐的薪資待遇和完全沒有個人生活的超時工作量來壓榨員工。在這樣鮮明的對比之下，公司好多人，即使認眞勤勉工作，也無法逃脫被公司壓榨得身心俱疲乃至精神焦慮的命運。

當時我的上級領導虛情假意得說要給我升職，而升職後的我除了要做好自己本職工作外，還需要和其他領導一樣給我團隊中的員工洗腦，恐嚇控制監督他們加班，以此來達到金字塔式樣的階級管理。這樣的方式，本就與我的性格相悖，也與我所學的宇宙法則背道而馳，更讓我良心不安，明知各層級的領導都以權謀私，中飽私囊，還要我與之爲伍，假面對待團隊成員，我實在每天上班都如坐針氈，飽受仁義譴責。

我明白，財富不是通過這樣壓榨，欺騙與手段而來。財富的種子藏在我們的天賦中，而財富的層級則取決於我們爲宇宙付出的多少。但是，如若當時的我只是想通過在靈性法則中學到的眞知灼見去科普他人，那麼效果幾乎如同緣木求魚。我不可能到處去和同事科普財富的能量原理，也不可能與領導掰扯公司產值分配制與薪酬合理性，告訴他們德行不夠，企業必將走向衰變。如若如此，實在滑稽又難堪。我們

是無法去宣揚一個我們尚未企及的東西的。在環境無法被我們改變的時候，我們唯有改變自己，離開那個環境，才明智之舉。於是，我決定辭職。

我當然知道，以我當時的年齡和資歷，就這麼離開老東家，在旁人看來不免有些任性，而且想再找一份同等薪資待遇的工作幾乎是不可能的。

同事勸我說，天下烏鴉一般黑，哪個公司的老闆不黑心。朋友勸我說，你沒有學歷和資歷的優勢，在年齡和婚育上更是死穴，沒有公司會要一個35歲未婚未育的女員工。要三思而後行，切莫意氣用事，後悔莫及。更有職場老油條勸解我說，何必如此認眞，上有政策，下有對策，裝模作樣，渾水摸魚也能勉強度日。

可是在面對越來越失去活力且日漸腐朽殘敗的公司景象，以及看透了領導們的貪婪之心後。我最終還是決定裸辭，離開了效力整整11年的公司。

我堅定的相信，內在缺德一定會導致外在物質的崩塌。領導們德行不夠，內在能量的缺失自然會顯化出公司物質，財富的消亡甚至災難的發生。

事實也確實如我所料，在我離職後的6個月，我們公司的總裁也辭職了。他夥同區域其他領導，在外開設自己的小公司，結黨營私，裡應外合，偸取轉移公司業務，爲己所用。變本加厲的掠奪，使得原公司的效益每況愈下，速度之快令人瞠目結舌。終於，在第二年，眾多同事也相繼紛紛離職。至直我寫書之時，原公司員工所剩無幾，業務寥寥慘澹，離關門大吉恐怕只剩一步之遙。

覺醒之光

開始獨居生活

裸辭後的第一場考驗就是父母的接受度。爸媽雖然表面沒說什麼，但是從父親的唉聲歎氣和母親的絮絮叨叨中，還是感受到他們對我的不放心。在他們看來，本來我只是大齡未婚而已，現在變成大齡雙失，既無工作又嫁不出去。在集體意識中，我這樣的存在是連呼吸權力都不配有的廢柴。親戚們知道我的決定後更是跌破眼鏡，本是個大齡剩女已經夠讓人煩心的了，現在還砸了自己幹了十一年的穩定工作，莫不是我精神受什麼刺激了？欲言又止間，他們喃喃自語道：「果然是個怪人，果然是個怪人。」

這讓我的父母覺得在親戚面前更是顏面無存。經歷過曾經四年家庭聚會的缺失後，外婆對我已不敢多言，但是矛頭壓力轉向母親。不是旁敲側擊的打聽我到底有何打算，就是責怪父母對我管教無方。還有些冷眼旁觀的親戚抱著靜觀其變的心態，表面不說，背後挑撥，肆意評判我，認爲我是自以爲是，眼睛長在天花板上，如今大齡未婚再配上無業遊民，孤獨終老恐怕已成定居。前途堪憂，幾乎無力回天。坐等看我殘敗的笑話便是。

在家族的斜眼與非議聲中，母親只得重操舊業，再度爲我拉媒牽線。她還是認爲，工作沒有就算了，只要能嫁出

去，既能堵住悠悠眾口，也能了結她的心願。並且只要能結婚，馬上進入懷孕階段，保胎修養乃是天經地義，自然也沒人會關注我的工作情況，之後就可以順理成章的進入相夫教子，也不用再糾結工作如何了。這樣的觀念，如同封建舊制一般，認爲女人只要嫁雞隨雞就不用拋頭露面，並且引以爲豪，彷彿女人的唯一價值就是嫁人生仔，除此之外，都叫不務正業。

在失業後急忙爲自己找一處棲身之地，還是逃避的發心。依舊如同當年同性戀婚姻失敗後，急急的爲我尋求救命稻草那般。母親的業力思維，實在難以扭轉，即使我相親數年，一無所獲，她還是在舊路上樂此不疲，猛撞南牆。

隨著我靈性能量的增加，對比父母舊觀念下的業海渾濁，在這樣對沖的能量磁場下，我們幾乎是很難和平相處的。有時候不知道他們的哪句話就觸動了我的敏感；有時候也不知道我的哪個行爲，又觸動了他們的心結。總之在能量失衡，不能匹配的場域中，我們三人都顯得小心翼翼又水火不容。

我愈來愈無法自欺，也不想依賴家庭，更不想忍受母親的嘮叨和父親的終日抱怨。終於在某日與他們大吵一架後，我借勢告訴他們：「我要搬出去住了」。

父親聽完，更是火冒三丈，勃然大怒道：「怎麼了？你這個不孝的東西，是翅膀長硬了嗎？離開我們，你一日都過不活。」

我知道這是父親不願意我離開的威脅之詞，他還是以權威之勢恐嚇，希望我屈服於他。但我實在難以忍受家裡整日鬱鬱寡歡的氛圍，去意已決的我，趁著他大發雷霆之際，趕緊收拾東西逃之夭夭。

三從四德和忠孝之道是權威矩陣下的另一種陷阱，也是一種不假思索的編程和限制雙方成長的業力模式。權威的一方可以借由天然的地位，不做自我反思，不進行自我成長，繼而日益鞏固自己的舊習氣。權威方最喜歡念叨的便是：「我是你的長輩，古來尊卑有別，長幼有序。」僅僅只是因爲身分這個概念，便可壓人一等，倚老賣老。在權威方的眼裡根本沒有道理可言，只有身分的壓迫。我外婆便是最好的例子，開口閉口只有一句，我90歲的人了，怎麼怎麼的。彷彿年紀是她的尚方寶劍，橫行家族，屢戰屢勝。

而如果作爲子女的下一代對人性心理欠缺洞察，抑或沒有自主意識，就一定會被這些腐舊的習氣薰染，導致惡性循環，繼續生活在業力的沼澤中，萎靡不安，病態四溢卻又不自知。這就是所謂的家族業力。

我父母親便是這樣無覺知的愚孝之人，但凡是外婆的話，不管有理沒理，都要言聽計從。即使90多歲的老人，頂著白內障的眼睛，對我的生活指指點點，作爲子女輩的他們，也不敢有一絲反抗，只得再把壓力與怨氣傳遞給我。太

愚孝的兒女背後幾乎都有一個自私的父母，給兒女扣上一頂「生育之恩大過天」的帽子後就可以對子女的生活肆意支配與控制，再開口閉口渲染一句：「我是爲了你好」後，就可以毫無邊界感的肆意踐踏子女的底線。

父母受他們成長經歷以及代代相傳的集體意識影響，形成他們固有的價值觀和行爲模式，甚至性格特質。這些綜合凝聚的能量導向，便是家族業力。眼見著我的父母是不可能爲了尊重我忤逆外婆的，即使我多番表明，不需要她老人家瞎操心，媽媽也總是只會像機器人一般說一句：「都是爲了你好」。

無奈之下，我只得暫時與父母保持距離，切斷家族業力，並非忤逆不孝，而是從靈魂的角度爲家族抒寫新篇章。走出原生家庭一定是自我成長的第一步，當我們能脫離原生家庭時就能從被動的受害者角色中抽離出來。所以承受家族業力不是我們的錯，但是終止業力模式確是我們的責任。可以說，每個人都背負著終結家族業力模式的使命與責任。

即便當時父親與我鬧得不可開交，母親聲淚俱下責怪我不懂天下父母心，但就現在而言，他們都因爲我的改變，我的升維而改變了。父親的心態也有所轉好，不再以權威示人，且非常支持我的意識和生活狀態。母親對我嫁人的執念也學會了放開。

那個周末，在仲介公司的幫助下我很快找到了一處尚算滿意的住所，第二個禮拜，就搬了進去，正式過起了獨立自主的獨居生活。但同時我也從雙失更晉級成了三失，連自己的家都脫離了。記得當時有位朋友笑話我說：「怎麼感覺今年哪裡都容不下你？」

我莞爾一笑，是的，哪裡都容不下我，可是我有手有腳，我能自立獨立，我能容納我自己。在那一刻，我失去了「工作」，失去「家庭的依靠」，更沒有「精神情感的慰藉」。那個所謂「雙生」不知道身處何處，對於我所經歷的一切，更是漠不關心，充耳不聞。甚至風涼話一堆，驚訝於我爲何擺著好好的工作不做，有著肯爲自己打點一切的父母不去依靠，任性妄爲的後果便是居無定處且丟失飯碗，不禁總結：「阿雯，你還是太過理想主義了」。

失去全世界，但我依然要爲自己留下一盞燈。也許在那個時候，我就逐漸進入了「空生萬有」的第一步。當下雖是「空無」，但卻包含「萬有」。在那一刻，我不得不消化掉「失業」「失家」「失戀」的各種恐懼。而如果我們眞的能消化掉這些恐懼，痛苦和焦慮，那麼「空無」也意味著包含了宇宙的所有，擁有無限可能。

但是想要達到大智若愚和化繁爲簡的境界是何其不易，我們從小到大接受的教育訓練就是去認識複雜的東西，我們的起步就是複雜的，對於簡單往往採取藐視和不屑一顧的態度。然而克裡希那穆提卻說：「只有足夠簡單的人，才越能

瞭解錯綜複雜的人生。」就像塔羅的隱士牌中說言，有時候我們必須把自己放空，抽離生活，從喧囂繁複的生活中剝離出來，才能更深入的洞察靈魂的內在。本著對宇宙全然的信任和交託，我毅然決然的開始過起了如同隱士般，深居簡出的日子。

初遇經濟問題

我自小和父母生活在一起，衣食無憂，參加工作後也本著自己賺錢買花戴的想法，大部分工資都吃光用光，剩下的就交由母親保管。雖無貸款和生活的壓力，但也因爲沒理財概念，也沒什麼存款。我是自己倔強才辭職的，又因和父母吵翻才離的家，於情於理都不能再厚顏無恥的伸手向家裡要錢。無奈之下，只得盤算著卡上爲數不多的結餘，靠著蔥花的接濟和幫助，先勉強把房租給付了，然後再盤算如何度日。

辭職後要做什麼，如何賺錢，坦白說，當時的我一點概念也沒有。最初的打算是先回饋宇宙，再去找工作。坦白說，「雙生」這條路，一路走來並不好受。很多次在我想要放棄時，都是聽著網上無私分享的博主們的精神良藥才得以繼續前行。

我本人並不愛分享和紮堆，那些願意分享的博主們的行爲，是有讓我肅然起敬的，在靈魂暗夜時也是靠著這些博主們的分享影片，我才能堅持下去的。我感恩這些博主的熱情與使命感，雖然他們並未引導我走向合一，但不可否認，在雙生旅程中，我已然脫胎換骨。我能智慧識得職場陷阱，能看清老闆因貪欲走向末路的必然；並且在被邀請升職之時，也能堅守自己的立場，追尋心中想做的事，而不是被矩陣和社會教條所綁架；我願意相信宇宙的力量，並且懂得如何用臣服化解恐懼的情緒等等。這些靈性的成長眞實的，這些智慧確實助我破繭成蝶。我想也許我可以把這些感悟分享到網上，說不定能幫助其他走在「雙生」路上人。本著這樣的發心，我開始在網上發起了《雙生塔羅》22張牌的影片。當初想著，發完這22張牌後，就去寫簡歷找工作。

承蒙大家厚愛，影片發到一半，網上迴響不錯，感謝大家的支持。粉絲中開始有人問我能否開群開課？也有人想系統學習塔羅課程。架不住大家的熱情邀約，我逐步開始了建群和寫課的工作。再後來有人要求諮詢，問我是否可以單獨爲他們解答？我也就照虎畫貓般的，依著曾經自己學過的神祕學技術外加心理諮詢，開始了爲他人進行簡單的諮詢。這一切都是被宇宙推著走的，我自己並無具體的計畫。

漸漸地我有了些收入，眞的能體會到靈性法則中說的，只要你走在正確的靈魂道路上，且發心爲人，做著你認爲正確的事，經濟和物質是不用擔心的。並且將興趣和養命結合在一起，也並非完全不可能。

當然這些收入與從前工作的收入還不能比，僅僅只是讓我負擔生活而已。然而靈性法則中又有一條：你是願意堅持你的所想的，還是要去追求你的所享的？是心中的願景和理想重要，還是身體的享樂與物質重要？在願望與物質之間，你如何抉擇？

物質的欲望和社會標籤，對於當時的我來說，早已不是什麼問題。在辭職後的一整年裡，我開源節流，改變了從前的生活習慣。從前我腳不沾地，出門必是開車，雨傘都不屑用。辭職後，我把車停進車庫，差點連保險費都可以省了。從前我很愛亂買衣服，換季的時候都不願意翻箱倒櫃理衣服，直接去商場亂買一通就省去了整理衣櫃的煩惱。辭職後，我開始縮減自己買衣服的頻率，大部分的精力也用在寫課件出影片上，對穿衣打扮的要求度也降低了。從前的我衣來張手飯來張口，生活瑣事都由母親打理，辭職後，我自己打掃房間，做家務，煮飯買菜，爲了節省開支對著影片小心翼翼學習如何拆洗空調和洗衣機。當然對於這些改變，我是亦欣然接受的，並未感覺生活變得落魄，反倒有種初試獨居的新鮮與自由。

我依舊按著上班的時間準點起床，先給自己準備豐盛的早餐，然後到超市採購些果蔬和晚餐，下午起就借著暖陽，手捧清茶，埋首於各類書籍海洋中，倒也覺得放鬆和自在。

這時，網路上已經出現了所謂的「佛國雙生」概念。我一邊研讀佛理經典，一邊對照自己熟悉的紙牌和星座技術，將兩者融匯解讀。這種既西又中，博古通今的混沌與碰撞，令我感覺興奮又自由。看累了書，就在傍晚約上剛巧下班的蔥花小聚一會兒，借著夕陽的餘輝和她分享一天看書的心得

和感悟。很快我就適應了辭職後的生活，正式走上了自主安排生活的軌跡。當我們可以完全掌握自己，安排自己，規劃自己，沒有恐懼的時候，我們便是全然的活在愛裡，頻率逐漸升高的我，開始迎接到了真正的覺醒，且對雙生之旅有了更深的感悟。

破幻破象，連接源頭

有一次，我在做影片時，看到了一段佛陀的分享他說：「這個世界是覺悟者的居所，而覺悟者需要醒覺，但是對盲目生存不解正法者而言，任何不管是你們自己閱讀的還是聽智者的宣講，哪怕聽佛陀所講，都不要輕易相信，要用自己的學識和智慧加以分辨驗證。對於任何一件事，任何一條眞理，我們都不能完全固定守恆的執著。也不要沉迷於任何一種言論，個人崇拜以及任何一種標籤，所有的事物都需要辯證清醒的看待，任何極端的行爲都會反受其害，眞正的悟道就是回歸中道。」

這段話不禁讓我開始反思，我持之以恆地走在「雙生火焰」的得道之路上，究竟算不算是一種執著呢？

包括在一些西方的靈性書籍中也提到：「如果我們一直相信某個概念，那就會被這個概念困住」。這像極了《金剛經》中所說的，「一切有爲法，如夢幻泡影，如露亦如電，應作如是觀。」只有我們不斷掃除內在的障礙，才能達到超越障礙後的無窮智慧。而我在雙生這條布滿荊棘的山路上輾轉徘徊了這麼久，會不會這個深入我心的概念，本就是一種「障礙」呢？再配合《金剛經》中提到的另外一個非常重要的概念，「應無所住而生其心」，我的心與念不應該停留在

任何一個維度，如此這般，才能與更高維的智慧相連接，才能證得無上正等正覺般若之智。

若我們以純然的觀察來照見所謂的「雙生概念」，會發現這背後暗藏著對自己不肯定，恐懼和理所當然抓取。好似因爲對方是我們的「雙生火焰」就理應屬於我們，即便三維互動甚少，或者對方對我們不予理睬，我們也只會給他扣個不覺醒的帽子，又或者淒淒苦苦得等待他的豁然開朗與回心轉意。因爲我們是「雙生火焰」，是靈魂最深的鏈接，這比命中註定更勝一籌。所以，他一定我的。

「靈魂鏈接」被我們合理化成爲一個標籤和枷鎖，我們借著宇宙的權威，給對方和自己畫地爲牢，設下同呼吸，共命運，唇齒相依的劇本。但愈是合理化的貪欲愈不容易被察覺，當我領悟到這些時，有短暫的驚恐失色，所幸沒有太多的歇斯底里與憤恨，這得益於寶濟光對我深沉的愛意和保護。

在這樣無情的觀照下，我內心反而升起一種又與眞相靠近一步的感動。逐漸開始理解，西方靈性學中所講「雙生火焰」是你通往天堂的一道門，你必須穿越這道門，才能走進靈性光輝的殿堂，我也開始悟得「雙生火焰」像是我們渡向智慧彼岸的船。同時，對於爲什麼我修得如此精進和持續，但是那個所謂的「雙生」始終紋絲不動，甚至還背道而馳，這些長久的困惑在那一剎那彷彿都迎刃而解，眞相大白。

只是，在接受一切和穿越迷障後，我需要做的是把這些年來戲劇化的情緒歸於平靜，融進血液，合理消化。不應有恨，此時不關風與月，這是一場自我修行之旅，也是一齣靈魂爲我們安排借鏡觀形的獨角戲。至此，我已然能領悟「反復叮嚀無相形，覺時戀夢夢戀醒」的「不著相。」

回顧南懷瑾老師書中提到的：我們會看見很多宗教徒，他們其實並不追求眞理，只是盲目的信仰，初一十五要吃素，趕上什麼節日，非去廟裡拜拜不可，恭敬禮拜磕大頭，這種都叫「著相」，只追求形式，而不追求眞理的信仰，都是「著相」。這與我從前那些行爲何其相似。爲了催化自己的姻緣，各種風水擺件從未落下。爲了標榜自己心誠則靈，逢年過節也硬生生的吃些鍋邊素。走上雙生旅程後，更是每月都要去一趟寺廟，虔誠上香，恭敬禮拜，我在寺廟磕頭從不跪在軟墊上，每次都把腦門磕出響聲來表誠意，只爲求佛主開恩，助我雙生合一。

但這一切只是東施效顰的形式主義，我只是在爲「雙生概念和雙生進程」孜孜不倦而已，並未上升到對眞理的追求。我是徹底著了「雙生法相」。「一切有爲法，如夢幻泡影，如露亦如電，應作如是觀。」所有的執念都是執，卽使打著宇宙爸爸欽點姻緣的「雙生火焰」也不過是更高一級的「法執」而已。由此，我開始徹底放掉「雙生概念」，全然進入到對宇宙眞理的追求，靈性意識也驟然升級。

我把意識的維度放到N維，從整個宇宙系統中去看問題，放開雙生概念的局限後，擁抱到了更浩瀚的宇宙。不僅僅是對雙生旅程，靈魂任務有了更深入的瞭解，更對宇宙維度資訊，能量轉換生滅，源頭疊代方式，矩陣編程解碼，這些更高維的資訊有了進一步的瞭解。

與此同時，我開始能通過夢境和冥想接到一些高維傳訊，通過這些有趣但略顯朦朧的體驗和經歷，讓我逐步參悟到，原來我們肉身的人體是由四層意識能量共同組成的。

其中最底層的是我們的物質肉身，密度最大，振頻最低，最物質化，就是我們肉眼可見的身軀皮囊。

再裡面一層是我們熟知的魂魄能量。所謂魂飛魄散，失魂落魄這些形容魂魄的話語，就在這一層。魂魄的能量主宰我們的七情六欲，包涵了我們的人格，思想，情緒和感受，也主宰我們肉身成長的變化。我們思想難以集中的時候叫魂不守舍；喜歡一個人，被雙生吸引的時候叫魂牽夢縈；被突然的事件驚嚇到叫驚魂不定。這些都說明，我們肉體的變化與魂魄能量息息相關。

第三層是包涵「魂魄」的「個人靈魂」能量。所謂「靈魂」這個詞是「靈力」加上「魂魄」共同組合成的一個「靈魂。」我們常常強調的「靈性學習」就是提升我們的「靈力值」。每個人的「靈魂」裡承載了我們「前世」的一些業力線和祖先基因遺傳的特質。「靈魂」的任務是克服「前世今生」業力所遺留下來，心智上，靈性上，情緒上，甚至肉體上各種痛苦。學會接受，學習，以及轉化掉這些業力。從某種角度來說，也許我們這一生經歷的痛苦，都是「禮物」，痛苦越大，禮物的回報也越豐厚。如果我們能穿越痛苦，所得到就是靈性成長中提到的「個人靈魂」靈力值。

第四層是自性本體的高維導師。如果「個人靈魂」是來經歷命運劇本，從而提升靈力值的。那麼第四層的「自性本體」就是爲靈魂指導師，或者上師，也可以稱爲高我，眞我，或者本源。怎麼稱呼都可以，名詞也只是一個「相」。這個「自性本體」是以純粹光的形式出現的意識體。爲我們規劃靈魂藍圖，以幫助「個體靈魂」達到需要在今生體驗和學習的功課。

在靈性成長生涯中，大家一直苦苦追尋的「我到底是誰？」「我又在追求什麼？」關於這些問題的指導老師，便是第四層的「自性本體。」在一些靈性書籍中被稱爲的「高我」「上師」「源頭」。這些名詞都不重要，關鍵點在於「自性本體」才是我們的眞我。

當我證悟到這些宇宙奧祕時，我既震驚又興奮。多年來我一直癡迷的神祕學技術果眞帶我走向了神祕的蒼穹宇宙。每個人也眞的如同塔羅牌裡的魔術師那般「頂天立地」，頭上頂著高層次的靈性世界，腳下踏著物質化的實體世界。至此，我徹底覺醒。

而後我開始在網路發布關於穿越雙生旅程的影片，借由我的徹底覺醒，傳達給大家，究竟爲何我們要經歷「雙生火焰」這趟靈性之旅？相信很多進入到雙生之旅的朋友，在先前就已經屬於對靈性或者神祕學有興趣和基礎的，最不濟也起碼是個直覺感受超凡的敏感之人，總之不會是只關心物質與矩陣的麻木之人。這些特質是「個體靈魂」成長崛起的基礎。但是光有基礎不夠，只有基礎太顯平淡，想要蓄勢待發，崛地而起，必須有個外力推助。

而在外力推助中，又分爲正推力和反推力。正推力猶如順境，類似有些人一出生就是官二代，富二代，一路順風順水，當然也能蓬勃成長，但稍顯安逸與緩慢。反推力則不同，反推力像人生遭遇的逆境，在困苦和背道而馳的拉鋸力下展現出來的成長力量。很多時候，反推力才是人類進階最有效的動力。人類如此，靈魂亦然。自然「雙生旅程」就是靈魂進階路上的反推力。

「雙生旅程」不斷地強調療癒，我們要一層一層的去療癒自己的童年過往，療癒生理和心理上的創傷，甚至還需要透過靈媒手段療癒前世今生。我們在療癒的過程中通過「共振」來轉換人體磁場中低頻的能量狀態。整個「雙生旅程」我們不斷的療癒自己，通過調頻自己的能量狀態，實現揚升，完成把自己的頻率由低轉換到高的過程。

所謂的轉換能量有好幾個層次，在細胞層面，我們頻率揚升，可以把堆積較多的自由基轉換爲陰離子；在肉體層面，頻率揚升甚至可把濃度較高的腫瘤轉換成密度較小的健康肌肉；在情緒上頻率揚升可以將較大的痛苦轉化爲較小的快樂；在認知上頻率揚升可以將負面的批判轉換成正面的欣賞；最後在靈性上，頻率揚升可以喚醒我們的靈性意識，不再只認可肉體存在，能感受到精神力量意識體的存在，重新和第四層的「自性本體」鏈接，最後達到和宇宙合一的狀態。

所以，「雙生之旅」確實可以只是一場自我修行的單機版遊戲。當我領悟到這些的時候，我已經逐步與我的「自性本體」合一。我對靈性和雙生旅程的認知擴展到更廣的宇宙，自此，我開啟了一些靈媒天賦，可以接收到更高維度的意識。

那麼，所謂的「雙生之旅」除了只是一場關乎我們個體成長之外，宇宙還要借由雙生，告訴我們關於愛的什麼訊息呢？

何爲眞愛

佛本心自作，哪向業中求

爲什麼會有雙生旅程？

也許你也如我一般，在生命的前半生一心一意要追求眞愛的曙光，披荊斬棘，踏破山河，被撞得頭破血流也想找到永恆的愛。宇宙是慈悲的，看出了我的執著，便給到了我指引。「雙生之路」就是宇宙送給我關於如何找到「永恆之愛」的指引與答案。

順爲凡，逆爲仙，玄妙只在顚倒顚。宇宙對眞愛的指引是從反面下手的。宇宙認爲三維人類的我們並不懂什麼是眞愛，我們從小到大掛在嘴邊的關於愛的定義，實則是自我感動式的抓取。把犧牲和奉獻視爲眞愛的背後，藏著想要掌控，依賴，和自詡神聖的霸道侵略。人類不算太懂何爲眞愛，因爲眞愛的境界已然超越了自我。所以，想要知道什麼是眞愛，宇宙就先幫助我們認淸什麼不是眞愛。透過破情執，戒依賴，放控制，不抓取，獨立圓滿自己，經歷這一系列的考驗與課題後，也許眞愛之光，才能浮出水面，被我們所識得。而「雙生旅程」恰恰是一趟去僞存眞，明辨是非，通過否定得到肯定的辯證之旅。

恐懼不是愛，依賴不是愛，嫉妒不是愛，占有和控制不是愛，責任與義務不是愛，自憐自艾不是愛，情緒滔天，小作文連綿不是愛。在經歷完整個「雙生旅程」後，我們明白眞愛不是欲望和感受，眞愛不是歇斯底里，眞愛不是極端的表達與占有。眞愛反而是在一切感覺消退後才飄然而至，並且猶如涓涓細水般的潤物無聲。

長久以來，人們總是覺得愛沒有什麼困難的，困難的是找到一個可以相愛的對象。這是現代社會大家普遍的認爲。於是我們把大部分的時間用在尋求對象上，嚴格的相親，挑剔的戀愛，明察秋毫的盤問家底，彷彿一切盡在掌握中，便能找到永恆的愛。

世人何其愚蠢，萬事萬物皆以動態發展，一切都是在變幻和流動中，妄想通過控制與偵查，達到長治久安，顯然是癡人說夢，不然當今的離婚率不會節節攀升。

回顧我初入職場時碰到的那個男孩，他不就是以家境，經歷以及經驗盤算出最適合結婚的老婆，最後宇宙還不是給他當頭棒喝，離婚收場。他們是高中時代的同學，這樣的知根知底恐怕外界少有，可卽便如此，那又如何，依舊算盤錯打，這不就是人算不如天算的自作聰明。

所以，我們需要學習的是關於愛的能力，愛是一種行爲活動能力，並不是機關算盡的斤斤計較，也不是求神算卦的向天討要。

愛是需要一件一件物理事件堆砌而來的，愛不是情緒，不是茶不思，飯不香的輾轉難眠，也不是前怕狼後怕虎的糾結纏繞。愛的能力是在行爲過程中，才能得以鍛煉和提升。

只有當我們先學會愛這項技能，再來選擇愛的對象，如此才能算得上甘苦與共，攜手共進。若我們想要吸引來愛我們的人，那就必須先學會何爲正確的愛。因爲宇宙中一切都是圓的，我們永遠不可能得到我們所沒有的東西。想要學會正確的愛，就必須先自愛，而自愛的前提就是接受眞實的自己。

自欺欺人和逃避是對自己最大的不負責，曾經我也在裝聾作啞的逃避中，最終反噬了自己。眞正的自愛，一定是從誠實面對自己開始的。直面，接納眞實的自己，才能成爲自愛發光的自己。

我們之所以必須踏上這段「雙生之旅」，正是因爲這是通往我們的核心，找到眞實自己的旅程。我們必須先成爲眞正的自己，才能吸引到我們想要吸引的一切。眞正的自己可以理解爲在上一篇中提到的第四層「自性本體」。靈性成長中耳熟能詳的「我是誰？」「我來自哪裡？」這些問題無不要求我們找到內在的自性本體。只有成爲了眞正的自己，我們才能在吸引到眞正同頻的能量，與我們譜寫眞愛篇章。這也是在很多靈性書籍中提到的：我們必須先成爲愛，才能吸引來愛。

爲什麼會有靈魂伴侶

愛是無盡的動力，驅使我們變得更好，也鼓勵我們與伴侶一起成長，事實上，愛是學習如何與自己與他人，以及與世界產生鏈接的一種能力。我們不是天生就知道如何去去愛的，就如同人也不是一出生就知道怎麼跑步的。於是在「雙生之旅」中往往伴隨著所謂的「第三方」，通過第三方的加入，幫助我們照見更完整的自己。猶如我們梳頭一樣，既需要前面的鏡子，也需要後面的鏡子，雙重照見，我們才能看清楚髮髻是否端正。

「雙生」與我們自己，再加上「第三方」，三者共同構建出了三方模式。這個「第三方」可能出現在自己身邊，也可能出現在對方身邊，存在哪裡不重要。重要的是，三者剛好構成了世間情執萬象，故事也都千篇一律，不外乎是，愛我的人爲我付出一切，我卻爲我愛的人狂亂心碎，愛與被愛同樣受罪，癡心錯付是誰的虛僞。

這樣的三角關係就是情愛的底層代碼，譜寫出了世間愛恨情仇萬象。在抓取，掌控，依賴，控制這些欲望的催促下，衍生出了無窮無盡糾纏窒息的業力紐帶。無數癡男怨女穿梭在這紅塵紐帶中，雖活在人間卻如身在阿鼻地獄，周而復始，無間受苦。這便是情執最本質的煎熬困苦。

我們若能處理好這三者的關係，在心碎與自我成長中超越自己原本對愛的有限認知，才會發現愛的眞諦。解鎖了底層三角關係代碼，就解綁了積壓我們千年的業力迷障，從而識得眞愛之花。

通常我們稱「第三方」是「靈魂伴侶」，不管是我們自己的「第三方」還是對方的「第三方」。靈魂伴侶是在我們還沒有認識到眞正自我前出現的，這段關係往往遵循社會標準，受到父母親朋的祝福，順理成章且波瀾不驚。靈魂伴侶也許與我們有相似的社會背景，同樣的生長經歷，或者共同的興趣愛好，甚至匹配的星座屬相。

靈魂伴侶很容易融入我們的家庭，他們也許是父母一直期盼我們尋找的對象類型。我們在外界的鼓勵和理所當然的環境簇擁下，是很容易遮罩自己內在眞實感受的，半推半就間就被融化進了靈魂伴侶的溫柔鄉。

靈魂伴侶爲我們提供了一張安全網墊，是我們的舒適區，這段感情最重要的特點不是我們有多愛對方，而是我們以爲對方就是那個對的人。或者不是因爲我們與對方有多合拍，而是在外人眼中，我們是如此的郎才女貌，天生一對。

當然與靈魂伴侶的相處會讓我們覺得放鬆與舒服，這是因爲靈魂伴侶生生世世與我們組團來到地球體驗。與他們在一起時，靈魂彷彿感覺經過了一世又一世又回到老朋友身邊。所以與靈魂伴侶相遇之時，我們會有一種命中註定，原

來你也在這裡的親密熟悉感。在我們未能尋找到眞實的自我之前，這種命中註定我愛你的浪漫靈魂伴侶之情，足夠讓我們爲之傾心。

也許我們會在衆人的推波助瀾中翹首期盼與靈魂伴侶長相廝守直至地老天荒，我們甚至會感謝命運的慷慨將眞命天子早早的就送到我們眼前。

可是，只有我們眞正去經歷後才能明白，靈魂伴侶並非我們能長久停泊的港灣。隨著時間的流逝，我們會逐步發現，在靈魂伴侶身邊，我們彷彿無法做眞實的自己。因爲有過去世業力習氣的傳承影響，曾經我們與靈魂伴侶未能修成的功課，隨著時間的推移會再度浮現出來。（若功課完結，我們便不會與靈魂伴侶再在一起，甚至不會相遇。）

我們開始探索自己在關係中的需求，而每個人的需求都是不一樣，甚至同一個人在不同的年齡階段對愛的需求也不一樣。年輕的時候，也許我們需要一個與我們玩在一起，興趣相投，能一起打發時間的伴侶。而隨著年齡漸長，我們也許需要一個能理解我們，有責任心，有擔當的成熟伴侶。可是，只要我們是依循外在因素去尋找的需求，就永遠不會被眞正滿足。而靈魂伴侶偏偏就是當初符合一系列外在條件因素，在衆人的建議和助推下選擇出來的伴侶。

此時的我們也許已經在關係中有些深思和改變了。且對靈魂伴侶給到我們的日復一日的相同體驗，有些厭倦了。隨著我們自我精神成長和物質獨立起來，我們不再僅僅只是希望找到一個相處融洽或是能給到我們衣食滿足的伴侶。我們渴望共鳴，渴望與伴侶分享一些與靈魂相關的東西，這意味著我們對伴侶的要求，已經從物質層面，進階到精神層面，而後跨越到靈魂層面了。

我們需要伴侶有些悟性和靈感，甚至能幫助我們，給到我們一些挑戰與刺激，淬煉我們的靈魂。因爲靈魂渴望成長，靈魂渴望體驗，靈魂最不喜歡的就是一層不變的相安無事。很多人就是在這個時候走上了「雙生之路」的。「雙生火焰」就是我們最好的靈魂淬煉大師。

自然在走上「雙生之旅」之前，我們必然得結束與靈魂伴侶的關係。這種感覺就像是我們在某個時刻，因爲自我成長了，於是不得不對昔日故友說聲「再見與珍重」。我們走在靈魂藍圖的岔路口，揮揮手，笑笑送別曾經陪伴我們的靈魂伴侶，雖有千般不舍，但也只能分道揚鑣。

告別靈魂伴侶可不是簡單的結束一段戀愛關係而已，我們告別的是與靈魂伴侶一起的生活方式。更深入來說，結束與靈魂伴侶關係，意味著我們改變了舊有的生活方式，改變了曾經的業力模式。甚至意味著我們與主流價值觀對抗的決心，我們可以反抗別人認爲我們應該怎麼做的評判標準。同時也可能意味著傷害了非常包容和遷就我們的「好人」。因爲靈魂伴侶有可能是前面提到三人關係中那個「愛我的人

爲我付出一切」的角色。當然未必是眞正的「付出一切」，只是看似對我們依依不捨而已。他們不舍放手背後是控制還是依賴抑或是懶散，我們不得而知，且需要具體問題具體分析，但無疑功課總是雙向的，靈魂伴侶當然也需要在與我們姻緣過往中，修煉自己的功課。

此時的我們，已然深深明白，我們需要開始成長了，要脫離靈魂伴侶的溫床，跳出舒適區，去窺見眞正的自己。

翻過靈魂伴侶這一篇章後，我們懂得了「舒適」與「成長」是兩回事，不管我們對靈魂伴侶有多戀戀不捨，也不可否認，靈魂伴侶的關係，無法讓我們成爲更好的自己。換言之，溫床與舒適，不能帶給我們刺激與反思，我們需要更多的摩擦才能繼續發光發亮。當我們從靈魂伴侶這裡學會了課題，吸取了教訓，並且願意離開他們繼續向前的時候，就是我們爲探尋眞正的自己做好準備的時候了。

爲什麼會有業力迷障

此時，「雙生之路」正在朝我們緩緩展開。在處理好了「愛我的人爲我付出一切」的關係後，我們迎來了「我卻爲我愛的人流淚狂亂心碎」。我把我所經歷的「雙生之旅」稱爲「業力迷障」，唯有穿越「雙生之旅」，撥雲見日，才能見到眞愛的曙光。

這是一段痛苦的感情，一段教會我們認清自己的旅程，在「業力迷障」中常常伴隨著謊言，痛苦與控制等慘痛的教訓。很多人在「雙生旅程」中總是想不明白，爲什麼自己怎麼做好像都不對？眼看就只差那麼小一步就能觸碰到心中理想中的愛情了，可一轉身對方又跑得無影無蹤。對方就像個看得見，但卻摸不著的蘋果，他如鏡中花，我如水中月，伸手一撈，便是夢幻泡影。

但是在強烈的靈魂連接下，頂著「雙生火焰」的靈魂光環，我們依然相信，只要我們能再堅持一下，再努力一點，再學會改變自己，包容對方一點，也許我們就能眞實的擁有了。畢竟「雙生火焰」的概念是宇宙賜福，超越一切永恆連接，是淩駕在三維之上的永恆眞愛。在這樣的自我薰陶中，我們一再堅持，然而天不隨人願，事總與人願違，我們與神聖男性的物理互動，每況愈下，漸行漸遠。

我們會在這段關係中，傾注自己全部的精力和耐力，抱著過度樂觀的態度，希望這段感情能依照我們所設定的故事情節上演，然而撥雲見日的智慧就是要我們明白，有些註定要結束的事終究沒有辦法延續。不是所有的愛情都會地久天長，不是所有情感都能開花結果。枯木逢春猶再發，人無兩度再少年，有些人和事，註定無果，唯有放下才是解脫。

「雙生火焰」來到我們生命中，並不是以白馬王子的形象翩然而至，而是用最激烈的方式和最深刻的痛，解構我們的生命，崩塌我們的信念，讓我們不得不去改變和成長。相信在「雙生旅程」中的各位，對於靈魂暗夜的肝腸寸斷恐怕回憶起來也是心有餘悸；而面對「神聖男性」的若即若離和冷若冰霜更是寒心酸鼻。

這是因為風和日麗，春風撫面的享受戀愛並不是「雙生旅程」的靈魂意義。「雙生旅程」永遠要教會我們愛的能力。

愛當然不會照著我們想要的方式發展，因為愛的使命是讓我們在關係中學會成長。不論這段關係持續一個月，一年還是持續到我們咽下最後一口氣，愛的使命始終是幫助我們處理因恐懼與創傷而導致的外求，愛的使命始終是教導我們唯有自愛和獨立才能活出愛的振頻，愛的使命始終是幫助我們跳脫自以為是的我執。放下我執，才可圓滿。

沒有什麼騎著白馬的王子，也沒有踏著七彩祥雲的英雄，能拯救我們的只有我們自己。靈魂的使命是成長，我們誰也逃脫不了晉級的靈魂考驗。在整個「雙生旅程」中，我們是自己故事裡的英雄，把自己拉出泥潭，成爲主人，掌握命運，如果我們能把力量掌握在自己手裡，便不會再像鬼打牆一般的總是在原地打轉徘徊。

有時候我們做了很多努力，不斷地壓抑，委屈，割捨自己，以爲委屈求全，包容退讓會換來海闊天空，然而現實卻是四面楚歌，進退兩難。多少個輾轉難眠的夜晚，望著鏡中憔悴衰弱的自己，我們不禁問：「一次又一次，爲什麼次次如此，一回又一回，爲什麼每回都只在原地打轉？爲什麼看似就要成功了，結果只是曇花一現，過眼雲煙，轉瞬卽逝？」

不可否認，有時候只有改變看問題的觀點，事情才會有所改變。倘若我們總是抱著固有的執念，那麼事情也只能如鬼打牆般一次一次以重複的方式，輪番上演，直到我們幡然醒悟。

我們必須放掉「一切都是可以被祈禱或者被求得的」這樣的觀念。或者認爲「只要我再爲愛多付出一點，這段感情就會以我想要的方式呈現。」我們必須放掉這些控制性，索取式的乞求。無論我們多優秀，多用情至深，多捨己爲人，我們都無法要求別人以我們希望的樣子回報我們。我們也無法要求別人做得更多，更好，更無法要求別人必須選擇與我

們相契合的道路。美中不足，事與願違，人生無常，乃是戀戀紅塵中的常態。在我們無法改變他人的時候，只能改變自己。有些事是爲了教會我們放手的智慧。

有的時候，「雙生」看起來與我們如此契合，一見鍾情，再見傾心。「雙生」的模樣彷似爲我們量身定做般的誘人心弦，四目相對下的款款情深更讓我們連眼神都不知如何安放。離別後的相似更是，才下眉頭卻上心頭的久久縈繞。總之我們被這個人牢牢得鎖住，不管掙扎多少次，不管控制自己多少回，業力的洪流終會推倒我們的理智，讓我們奮不顧身，飛蛾撲火；讓我們誤以爲自己尋尋覓覓，兜兜轉轉，過境千帆後，終於找到了屬於自己的靈魂另一半。可是也許我們愛上的只是我們投射在他身上的形象，借著宇宙爸爸的媒妁之言，抱著「雙生火焰」的無尚榮耀，沉寂在「愛上愛情」的自詡感動中。

如果我們抱怨這段旅程那麼揪心，那麼消耗，那麼透支，那麼我們就要想想：是不是我們內在缺失了什麼？才會久久徘徊在這樣心力交瘁，明知不健康卻又不願離去的關係中。畢竟，一切外在，都是我們內在的顯化。若我們想得到一段健康的關係，那麼我們首先要成爲一個健康的個體。一旦我們接受了事情可能與我們期望的不盡相同後，其實等於讓我們擁有了更多無限的可能。勇敢的放下這段不健康的關係，才能以一個健康的姿態，去迎接新的關係。

這段關係讓我們最終跳出舊有的劇本，跳出我們自以爲的愛情藍本，讓我們理解到，愛不會以我們想要的方式出現。雖然這是一段苦心孤詣的旅程，但確實爲我們帶來了很多改變，因此，即使「業力迷障」頂著冒牌「雙生火焰」的概念，我們在揮手與之告別的時候，還是需要對它做個深度感恩。

沒有一段關係，會如此這般考驗著我們的包容與原諒。即使我們被傷得體無完膚；即使我們聽信了他們說的會愛我們如初，視我們爲珍寶，與我們一起成長；即使我們願意爲他赴湯蹈火，在所不惜；可他們彷彿並不需要我們。是的，也許宇宙確實聽到了我們的呼喊，看到了我們的付出，確實成全了我們，但卻與我們期望的方式不同。宇宙希望他們是我們愛情路上美麗的教訓，是我們成長階梯中的完美墊石，希望他們是我們通往永恆之愛的燈塔與指路明燈。

宇宙中的一切都是平衡與守恆的，人生的多情與無情會在下一個鬥轉星移中顚倒玄妙。也許他們的的任務幫助我們清理累生累世的迷霧與局限，打破我們限制性的框架與枷鎖。他們幫我們清掃掉了身上的塵土，幫助我們綻放更璀璨的光芒後，我們才能吸引來永恆眞愛。

永恆眞愛是一份不求回報的無條件之愛，我們只需要做自己，便能得到這份神聖的愛。在「雙生旅程」中我們已經明白，一切無常才是常態，在眞愛這裡亦然如此。現在我們

已經懂得，愛不會如我們期待的樣子漂亮出現，也不會是符合家人朋友的價值標準，更不需要我們拋棄眞實的自己，委曲求全討好而來。

然而眞愛也不會永遠和顏悅色，風平浪靜，雖然我們不再天眞的把浪漫美好與愛掛鉤，但眞愛也非完美無瑕。它一樣需要我們抱有持之以恆的熱情與克服萬難的勇氣；它一樣需要不斷打破我們有限的認知；它一樣以各種各樣的方式挑戰我們，甚至挑戰我們去認識，這究竟是不是愛？

所以，成長依舊是愛唯一的目標，即使在永恆眞愛前面，愛也是爲了成長成爲「更好的自己」。

這段關係不是爲了讓我們在每個夜晚都能與人相擁而眠，而是爲了在每個欣喜若狂的瞬間都有人與我們分甘同味。這段關係不是爲了讓我們在薄情寡淡的世間炎涼中能有人依偎抱團，而是爲了在紅塵俗世中有人與我們的靈魂擦出智慧火花；這段關係不是爲了讓我們的血脈得以繁衍，而是讓我們的精神信念的代代相傳。

眞愛也會吵架，眞愛也有懷疑，眞愛也會讓我們氣急敗壞，我們需要瞭解的是，愛不以任何形式和固定方式存在，即使處於分離，就算在傷心和失望中，無條件的愛依然存在。因爲這是一份，「我愛你，只是因爲你是你」的愛。也許在永恆眞愛這裡我們要學最大課題是；我們需要努力的也許不是那份愛，而是讓自己能走到得以享受那份愛的境界。

在永恆眞愛這裡，我們逐漸走向愛，感受愛，最終成爲愛。

我們經歷過「靈魂伴侶」的溫柔鄉，穿越過「業力迷障」的靈魂暗夜，既能安放好「愛我的人對我付出的一切」，又能放手掉「爲我愛的人狂亂心碎」的我執。當這世間情執萬象，我們均能以智慧撥雲見日時，就能迎來「永恆眞愛」的愛的境界。這便是一路披荊斬棘，踏平山海的「雙生之旅」要傳達給我們的智慧所在。

開悟重生

無上正等正覺者，即是真如本性，

亦名自性清靜心。

愛的眞實意義

「雙生之旅」徹底教會了我們，愛不只是愛，還是自我成長的工具。越早接受這個事實，就能越早敞開心扉面對餘後的人生。這是一段尋找永恆眞愛的旅程，而在找到眞愛之前，我們首先要找的是眞我。

這不僅是一段教會我們勇敢去愛的旅程，更是一段告訴我們什麼不是愛的旅程。同時告訴我們，如果想要得到自己眞正想要的東西，那就必須先成爲那個東西。宇宙中的一切都是圓的，我們不可能擁有我們所沒有的東西。

宇宙的謎題與謎底總是相交呼應，從前我們覺得是「業力迷障」的人，也許是我們的「靈魂伴侶」；從前我們以爲是「雙生火焰」的人，可能是我們的「業力迷障」。曾經的前任像極了現在的正緣，現在的正緣又不知道是不是所謂的「靈魂伴侶」等等等等，陰錯陽差，霧裡看花，惹得我們眼花繚亂，百思不得其解。

於是人們就希望借由各種通靈訊息或者神祕學技術窺探未來的走向，知曉眞命天子的情況。然而「雙生旅程」恰恰是要告訴我們，眞正重要的不是你如何稱呼愛，而是愛對你來說，意味著什麼？

如果你認爲愛代表朝思暮想，那你可能只能配個天天讓

你望眼欲穿的人；如果你認爲愛代表歇斯底里，那你的感情只能是血雨腥風；如果你認爲愛代表朝朝暮暮，細水長流，那你的感情將會是平平膽大，眞眞切切。總之，你認爲愛是什麼，愛就以什麼樣的方式呈現給你。

換句話說，沒有所謂的命中註定，只有你情我願。沒有累世溯源，只有眞心相愛。重點不是找尋誰與你天生匹配，而是你願意爲誰赴湯蹈火，堅持不懈。眞愛不是固定匹配的，而是你選擇爲誰付出愛。

當然愛的目標不是捆綁和糾纏，愛是自我成長的工具。李銀河在《愛你就像愛生命》一書中說道：愛情絕對是一個自我尋找的過程。如果你找到一個人，但爲了和他相處，必須改變自我、壓抑自我，或者委屈自我，那肯定不是愛情，你不會幸福的。愛情從來都不是單方面的，愛一定是雙向奔赴的美好。就此，李銀河回應了王小波熾烈的愛。在他們的愛情裡，雙方實現了一個自我尋找的過程，愛情之火才能燃燒得如此純眞、激情、熾烈。

愛情也是一個自我獨立的過程。在愛情裡，很多人初嘗禁果，沉迷其中無法自拔，逐漸迷失自我，最後失戀受傷。無法從愛情中走出來，受傷的心靈難以撫平，便不再相信愛情，不再輕易愛上誰。這樣的愛情，其實就是失去自我，把愛情當作生活的全部，一旦愛情丟失，就迷失了生活的方向。

在年輕的時候，我也因爲初入職場遭遇曖昧之傷後就不敢再敞開心扉好好戀愛，結果遭來了更巨大的「同妻之痛」。這便是一旦愛情丟了，整個人都迷失了生活的方向。我們應該享受戀愛，但不能依賴戀愛。即使我們一個人的時候，我們也要是獨立自主的。

戀愛的重要意義不是讓我們找到一個能黏一輩子的伴侶，而是讓我們眞正明白自己是一個獨立的人。伴侶是另外一個和自己一樣獨立、一樣重要的人。並且，我們還深深地懂得，這兩個相互獨立的人，既能獨立前行又能親密無間地相處。在愛情裡，尋找自我的過程一定是追求獨立的過程。

除了戀愛，在關於愛的其他方面也是一樣的。因爲眞正懂得愛，我們明白了取悅父母並不是我們的天職；融入社會，遵循社會價值標準，幹一份傻傻的了無樂趣的工作，也不是我們的責任；就算有什麼與衆不同也不需要害羞。我們要對未來保持開放與信心，也要對眞愛保持信任，就算暫時是單身，也不代表我們缺愛，因爲我們深愛自己。在這樣的信念體系下，我們會放慢腳步，放開計畫，放下控制與期待，只是單純的存在。我們在愛中存在，因爲我們就是愛。於是我們隨遇而安，順其自然，於是我們淡然滿足，安然若處。

就這樣，我們與愛不期而遇。眞愛也許是在某個雨天爲我們打傘的路人，也可能是不小心在街尾撞到司機，亦或是久別重逢的故人。總之眞愛一定會出現，因爲我們就是愛。當我們活成愛，我便會遇到愛。

放下我執，才可悟道

然而這場身心靈的探索之旅，只有靠自己經歷才能證悟眞僞虛實，即使後來我在網路上分享了很多自己的感悟，但是在一對一諮詢中，依然發現多數人還是深陷我執之中。即便人們理解到愛需要同頻相吸，也依然不懂何爲正確的愛，大家總沉寂在自我的感受中，以個人的情緒來標榜愛意的深刻。

就我個人經驗來看，情緒和智慧是對立的。情緒是自我的角度，而智慧是高維的視角。情緒越大，智慧越少，智慧越多，情緒越小。

橫在情緒與智慧之間的是我們的自我認知，就是我執。我們只有轉化掉自我的障礙與局限，才能發現更大的我（上師，自性之我，高我）。而這個「發現之旅」是永無止境的。生而爲人最重要的一件事就是自我探索，從最原始最粗糙的物質次元，一層一層轉向內在，精神，心智，靈魂，宇宙層面的高等次元。在這個過程中，個體就是一個小宇宙，如果每個人對於身心的認識能夠清楚一點，那麼這個世界的覺醒就多一點。因此，個體的解脫之道就是利他的菩薩之道。不用整天想著如何普度衆生，如何宣揚傳教，倘若每個人都能從自己出發，把自己先活明白，了悟自己的生命旅程，便是幫助整體揚升。所謂一屋不掃何以掃天下，而「雙生旅程」就是我們自己先要掃得那間屋。

我們經歷「雙生旅程」時，是在「見山不是山，見水不是水」的階段。那時候，我們的價值觀和生活方式與主流大眾不一樣，沉寂在高維意識中，執著於靈魂契約裡。我們對於三維俗套嗤之以鼻，這是一個必經的過程。在此期間，是考驗我們是否相信高維存在，是否有勇氣活得與眾不同，是否眞的能放掉物質幻象，參透靈魂眞諦。

一旦我們眞正開啟了高維意識，相信靈魂的存在，願意尋找「我是誰？」的時候就打開了意識的直升梯。我們就從「見山不是山，見水不是水」的境界進入到了「見山還是山，見水還是水」的第三境界。雖然此時現實還是如此，但我們已然能看到物質世界背後的高維智慧。生活也許還是一如既往，但是我們的體驗和整個存在的狀態早已截然不同。

此時，周圍人也許會覺得兜兜轉轉，我們還是從前的模樣，那是因爲他們未能深入瞭解我們內在的轉變與涅槃。而如若我們自己也覺得自己虛度一場，徒勞無功，那只能說，這是悟道不夠。經歷了一場浴火重生的靈性革命之旅後，反而掉回了「見山是山，見水是水」的第一境界，未能上揚至「見山還是山，見水還是水」的第三境界。第一與第三境界，只差了一個「還」字，但智慧就在這一字之差中。一個「還」字體現了整個認知系統和意識結構全然轉化的過程。

此時，雖然我們依舊與地球80億人同呼吸，共命運，但是我們自己知道，我們已經活在宇宙能量的同頻共振中，與終極實在緊密連接的「新天地」中。不管任何宗教派別將這個「新天地」稱爲什麼，不管叫天堂，淨土還是極樂，抑或是大同世界都好，這些名詞概不重要，重要的是，此時的我們，已然眞正覺醒開悟。

開悟並不是一個臨界點，也不是固定不變的，更非一勞永逸。開悟是一種狀態，開悟後的狀態無法言傳，更難以形容。我們重新回到日常生活中，一樣吃飯，工作，睡覺看似與從前並無兩樣，只是變得比以前更有覺知與力量，更能清晰的洞察事件的本質與主宰自己想要做的事。這也許就是大家一直追求的「顯化力」。

開悟沒有捷徑可言，既不是永恆不變的，更需要時刻保持。並且開悟必須在眞正的實修上下功夫，需要毫不扭捏完全放空的去觀察自己的一舉一動和思維發心。我們不需要背井離鄉，去到遙遠浪漫的國度追尋開悟的眞理，也不需要天天冥想打坐甚至剃度避世追求眞理。因爲眞理就在我們的當下，就在我們的一言一行中。眞理只有在生活中才可被觸摸，而我們整個三維生活，就是來驗證眞理的世間的過程。

工作就是修行

開悟後的主要工作是傳播，一個一個去喚醒身邊的人，讓所有人的能量都能一一匯入宇宙能量的無限脈動之中。而後我的影片不再局限雙生內容，更多分享傳播宇宙能量，以高維智慧爲主，並且開始接收更多一對一的諮詢。通過幫助每個人解決生活中確實的問題，以此來達到個體了悟解脫。

修行是不能離開凡塵俗世的，人不可能總是閉關潛修，脫離社會，不事生產。工作就是最好的修行道場。在分享影片以及諮詢過程中，也考驗著我的發心，責任，公平與原則。諮詢收費，對方給我能量交換，我便不能隨心潦草應付。每次諮詢前，我需要認眞排盤，仔細思索。過程中，不能因爲對方言語無禮就起憤怒之心，也不能因爲對方措辭討好就起歡喜之心。甚至不能因爲對方不明所以，惡語相向，我就隨聲附和，粉飾太平，不給眞實建議。

有時候眞相的光芒，總是刺眼的。愚癡衆生，卽使花了錢，也寧可泡在情緒蜜罐裡，而不願意睜眼面對現實，寧可買個情緒安慰，也不願意爲自己抽絲剝繭尋個眞相。面對這些情況，都考驗著我的發心與堅持，我必須時刻反思審察自己，更要以誠相待，不能因爲想維持表面的和諧，乾脆就曲意逢迎，給對方送上情緒價值，草草了事，省得落下個素質

不佳，聲色俱厲的霸道汙名。

多數人對於靈性導師的理解是膚淺的，對於無私，慈悲，慷慨與包容的定義更是自私的。很多人只想索取情緒安撫，找認同與探資訊，卻不在自身內在品質上下功夫。要求靈性老師像個垃圾桶般不問緣由的無條件接納衆生的情緒索取。或者如同電腦百度一般有求必應得不斷爲其提供高維資訊，卻從來不會深入探究下，這些資訊背後的規律與原理。這樣怠墮因循的偷懶方式，是我極其不推崇的。修行修得是一顆圓滿的心，渡人渡得也是轉念。唯有改變業力思維，提升意識維度，才是眞正的脫離業海。

我在影片中也總是提倡我們要學會自我覺察，自我拯救，自我成長。一個人活著首先應該關注的就是我們內在的品質，其次才是積累外部的生活知識，再到探求宇宙資訊，最後悟出高維智慧。倘若人的品質不佳，即使天機資訊透露給你再多，也是徒勞。打給比方，外部知識，經驗，資訊就像水，而一個人本身的品質就像容器，肉身管道的好壞，就看我們個人品質的高低。容器的大小，形狀，顏色決定了我們能裝下多少水，以及裝進去的水，最後會呈現什麼樣的清澈度，什麼樣的顏色。所以，與其關注高維資訊，不如借助高維資訊與指點觀測自己內在品質是否圓滿，看看我們這個瓶子是否有漏，這也是我們不斷強調的反求諸己。

當然如此嚴格的方式，在最初總會遭到一些人對我進行謾罵與誹謗。這些都是考驗我的自我堅持與心理素質，是否因他人辱罵而膽怯，是否因大衆評判而自我懷疑。

至於諮詢收費這件事，更是被一些網友定義爲「別有用心」和「借靈性斂財」。人們對於心理諮詢師要收費認爲是理所當然，但是靈性導師要收費就會被冠以「坑蒙拐騙」的帽子。好似標榜不收費的靈性導師會顯得更無欲，更無私，更有愛。甚至在平臺上有其他的網路主播，特意連翻出影片，對我進行攻擊與詆毀。

我主張的觀點是一切都需要我們自己長出內在的力量，卽使在尋求靈性老師幫助的道路上，也需要自己給出能量自救。諮詢的費用，第一：是誠意與自救決心的門檻。第二：我反思道，如果不收費，當然可以迅速加大粉絲量提高知名度。但是如果藉以不收費的方式拉攏粉絲，是否又暗和了某些人只想索取不願付出的心態呢？拉攏粉絲，迎合市場是否只是爲了滿足我自己的虛榮心，而並未從諮詢效果考慮呢？於是在質疑和否定聲中，我依然堅持自己的發心與處事原則，不願以乞求和低姿態的方式迎合那些鍵盤俠。我始終堅持要把諮詢的效果放在首位。

起初我對網上鍵盤俠不負責任的評論很是生氣，對於那些不明所以但又喜歡惹是生非的網友的攻擊，更覺委屈。後來我也明白到，接受網友們莫名其妙的抨擊，指責與謾罵又何嘗不是修行的功課。譭謗來自於外界，沒人能避免得了，

只要我們不是閉門造車，亮相於眾，生活在群體社會中，總會有人對我們指指點點，這是無法避免的。

我們貴在自修，人活在世，總會有苛責和詆毀，也會有稱頌與讚揚。我們只能堅持自己的原則與處事，校對的標準來自我的發心，與其他無關。毀譽都來自外界，無法避免。縱使我們不斷解釋，也總有人吹毛求疵，與其到處解釋自己，不如相信正念正氣，只求問心無愧。

誠如有一則佛經故事說：有一位老漢和他的妻子牽著一頭牛走在路上。老漢讓妻子坐在牛背上，自己牽著牛行走。路人說：「真傻，自己走路讓老婆坐牛背」。老漢讓老婆牽牛，自己坐在牛背上，路人說：「真狠，自己坐著讓老婆走路」。老漢讓自己和老婆一同坐在牛背上，路上說：「真壞，兩個人坐牛背，累死牛」。最後老漢與老婆都走路，讓牛空著，他們牽著牛走，路人又說：「真蠢，不知道好好利用牛，兩個傻子走斷腿」。

毀譽在外，安能避免。老漢妻子加一頭牛，三者不管如何組合，都會遭人非議，落人口舌。我們能做的只有練就寵辱不驚的強大內心。最開始我對那些「非議」，不是感覺義憤填膺，就是覺得委屈至極，後來慢慢習慣，對於鍵盤俠的懟詞已能幽默應對，有些網友想要刺激我的小伎倆，對我來說已如蚍蜉撼樹，並不能影響我分毫。我依舊該吃吃該喝喝，該諮詢就諮詢，該發影片就發影片，每天按著自己的節奏生活工作，只依照自己的本心與良知行事，不管人非笑，不論人譭謗，不理人榮辱。而這種忍辱的功夫，恐怕只能在「事上磨煉」。換言之，倘若不發影片，不亮相平臺，又豈會遭到網友抨擊，沒有網友抨擊，我又如何修煉面對外界，從容不迫，波瀾不驚的內心。

要提高情商，就必須在情緒惹怒我們的時候修；要提高忍耐力與恒定力，就必須在衆人的不解與嘲諷中持修。這便是工作中的修行，落地三維的實證之旅。總有些朋友喜歡高談闊論，紙上談兵，出口成章，佛言佛語，然而現實的生活卻過得一塌糊塗，四面楚歌，狼狽不堪。想要脫離現實生活，避世修行之人一定有逃避之心。不敢在生活中對鏡自檢，只會在言談間侃侃而談，這樣脫離實際的修行，如同提著自己的頭髮就妄想飛升天際，脫離地面一般的滑稽。

有些朋友認爲，修行就是到山上去打坐，終日冥想，之後成佛成道。這樣的觀點也是錯誤的，我們只有在日常生活中，才能不斷照見自己，才能意識到自己局限的是什麼。把日常和生活視爲修行，也是佛學禪宗所宣導的，禪宗是大乘佛教入世修行的典範。

講個故事，有一位僧人到寺廟裡問禪師說，弟子剛來寺院，請問禪師如何修行？禪師問他，你吃過午飯了嗎？僧人回答：「吃過了。」禪師說：「最好去把碗洗一洗。」

這便是入世修行中提到的「平常心是道」「挑水砍柴，

無非妙道」「佛法在世間，不離世間覺」等等話語，無不是把世俗生活和日常勞作統統提高到修行的高度，考驗的就是我們知行合一的精妙智慧。

當然在傳播與分享的過程中，我也受益良多。窗戶打開了，蒼蠅蚊子會進來，新鮮空氣也會來。在我發表影片，做博主的這段時間，會有鍵盤俠的攻擊當然也會有良師益友的支持。短短一年的功夫，我就收穫一班志同道合的朋友，她們來自網路而後落地三維，我們意識同頻，相談甚歡，同聲相應，同心相知。

一年來我們從虛擬網路走向現實生活，從文字聊天，語音對話走向線下聚會。我們一起遠足登山，觀景賞花，郊遊野餐，在田園山水間，探討著人生意義。在城市車水馬龍中，笑語喧嘩。疫情期間還相互打氣，寄送緊缺的物資……一樁樁共同經歷的事，一座座一起翻越的山，讓我們的關係變得密切，感情變得親厚。我們風雨與共，攜手相伴，一年多的時間，讓我擁有了新的知音密友，感謝她們對我無盡的支持和幫助。我想這就是用愛顯化愛的振頻，想吸引什麼就先成爲什麼的故事。

生命的意義

聖人求心不求佛，愚人求佛不求心

人生應用題

江南春日的午後，遍地新生的綠意和窗外盛開的櫻花，無不訴說著春生盎然。陽光慵懶得灑在窗臺上，陣陣微風襲來，萬物蘇醒，草長鶯飛。坐在陽臺的我正爲本書寫著最後的結尾篇章。回想過往37年我的生命歷程，如若沒有性格中天然的鈍感力和自我堅持的勇氣，恐怕早已在父親的權威鎮壓和母親的懦弱自憐以及衆人膚淺的褒貶之下，妥協於命運的業力洪流，乃至壓抑內心，不得不活在他人的眼光與評價之中。我之所以沒能陷入自憐自艾的惆悵與自欺欺人的軟弱中，是因爲性格中本有的獨斷與自強，更是因爲在生命一路的探索中，始終秉承著反求諸己的心態來面對遭遇得各種事件，並以臣服之心承擔各種因緣和合的過程與後果。感恩所有我生命中碰到的有緣老師，他們傳授的知識與智慧幫助我一路披荊斬棘，自強不息，更感謝生活中經歷的各種人，事，物對我的啟迪。

有果必有因，聖人畏因，凡人懼果。前半生遭遇的種種，那些莫名其妙結果的背後，其實深藏著我錯誤信念的因數。表面看那些事件源於誤會，欺騙或是陰錯陽差；實則隱藏著我的評判，驕傲與自欺欺人。而寫下這本書的原因，正是希望借由我的故事，記錄我的追因問底的自我探索與了悟

路徑。萬事有因果，因果自迴圈。希望每個人在遭遇困境的時候，與其抱怨苦果難咽，不如反查緣何起因，學會在因上下功夫，才能眞正脫離苦海。

有的朋友會問：「既然強調人生來就是本自具足，爲何還有因的漏洞呢？難道不是一切隨心，皆能萬事如意嗎？」人心當然是本自具足且究竟圓滿的，可是問題在於我們能否發現自我的圓滿。我們生命中碰到的一系列事件，就是考驗我們是否本自具足的應用題，用循因追源的方式在解應用題的過程中，我們收穫了成長的喜悅，這種喜悅在佛教中被稱爲「法喜」。

好學生願意做難題，願意考試，當我們用這個邏輯去看待生命中遇到的困苦，磨難的時候，我們的格局就不一樣了。我們就不會整日只是抱著本自俱足的概念，而不敢眞的在三維生活裡照照鏡子。

現如今的社會，物欲橫流，人心浮躁。一方面我們被消費，廣告，名牌刺激得自我感覺甚是良好，另一方面我們又被主流價值觀打壓得自卑且焦慮。在現代社會中大家被物質牽著走，被社會價值所裹挾，在狼性文化和競爭內卷的高歌吶喊中，試問有多少人感受到眞正快樂的？房子，婚嫁，年薪這些指標輕易就能打垮一個年輕人自信心，激發人們的恐懼，促使大家焦慮。

然而焦慮的來源是因爲我們不了解自己，心理學家榮格說：「一個人若是無法覺知到內在的衝突，那麼生命只能借由外在事件的衝突讓其明白自己內在的不平衡。」換句話說，正是因爲內心的不圓滿，才導致了我們命運的顚沛流離與分崩離析。致力於自我成長與自我認識不但能幫助人們變得圓滿，快樂以及清明，更能幫助人們鍛煉克服困難的勇氣與力量。這是我宣導的修行方式。

自由與證悟

一個人必須有自主的能力，才能得到眞正的解脫，勇氣與力量的鍛煉是固本培元的根本。倘若我們缺乏自我主宰的能力，總是人云亦云或者抱著人言可畏的自憐之心，妥協於衆人非議的口舌之下，疏於關愛自己的心靈。我們就很容易被主流的價值觀綁架，被他人的眼光和評價所左右，被自身的種種欲望和情緒困擾。如此這般，又談何自由？

想要瞭解自己，必須學會與自己相處，然而很多人每天只是關心社會新聞、名人八卦、名牌打折和尋歡作樂，而對於自己的心靈，卻漠不關心。我們就是在這種本末倒置的生活方式中離自己的心，越來越遠。有時候，我們必須如同塔羅牌中的隱士牌那樣，從日常的生活中抽離出來，保持寂靜，如此才能聽到內心的聲音，要使得心智平靜如水，才能知道我們內心眞實的需求。

保持每天睡前或者早起安靜冥想20分鐘，是個好辦法。當你在冥想中放空自己，內在的意向發生改變時，才有可能去改變外在的行爲和事件。所以，冥想首先能幫助我們找到自己。而當我們眞正開始意識到，與自我的相處才是最重要的時候，我們才擁有了自主獨立的意識，才能不需要通過另外一個對象，就能肯定自己，找到自己的價值。當然這不算容易，很多修行中的智者都提出，必須具有勇士般精神的人，才有能力與自我和平共處。

我前半生的大多數時間是在獨處中度過的，幾段無疾而終的感情來得快，去得也快。像龍捲風一般曇花一現，驚鴻一瞥便離我而去，只剩下寥寥孤寂的我一人承受著黃連苦楚。

但也正是獨處讓我有了與自我相處的時間和自我剖析的空間。我當初以爲我所懼怕的是一樁樁戛然而止，莫名其妙終結的戀愛關係。直到醒悟後我才意識到，其實我眞正不能掌控的是自己。如果我深度照見自己，現在整體複盤來看，會發現我每個起心動念的底端都是因爲從小到大形成的某種觀點，或者過往經驗遺留下的回憶而形成起心動念的因，最終導致了情感失敗的果。所以改變自己的發心，覺察自己的意識，才能把握事件的走向，這是眞實不虛的。起碼如今的我，已不會再懼怕感情莫名其妙的終止，也不會再處在被動的角色中，靠著大運和卜卦來祈禱情感伴侶能對我從一而終。因爲過去，未來，現在，均以當下爲準繩，我能把握每個當下，便能預見每個未來。

印度哲學家克裡希那穆提說過：「所有的問題全部在我們內心世界。」王陽明的心學中也提到：「心外無物，境由心生。」我們總是以爲自己的內在世界與外在世界，並無直接關係。但事實上，修行就是告訴我們，一切都是自我內在

的顯化，我們的外在統統是因我們的內在而折射出來的。我們唯有認眞對待自己這顆心，才能通透走好自己的人生。然而在喧囂紅塵中，逃避的方法是何其多。爲了逃避剖析內心痛苦，人們發明了電影娛樂，在視覺幻覺裡逃避焦慮。人們刺激了購物，在紙醉金迷中彰顯自我的價値。人們宣揚各種醫美整容，在科技的妙手回春中逃避容貌自卑。這種逃避無處不在，以至於在我後來的個案中，當案主被我指出內心最眞實的恐懼時，他們往往會出現自我保護機制，進而反擊。心理學中稱這是「阻抗」，也是逃避的必然行爲。

可是，逃避終究是不能解決問題的，宇宙能量不生不滅，不增不減，不垢不淨。逃避者猶如把頭埋進沙子裡，卻將屁股露在外面的愚蠢鴕鳥。生活不會因你的逃避而寬恕你，命運不會因你的逃避而放過你。我們眞正需要去做的是覺察自己，因爲終究靈魂的功課在劫難逃。

我們要提高自己的覺察能力，擁有敏銳的洞察和剖析能力，才能避免「重蹈覆轍」與「慣性操作」。曾經的悲劇，正是因爲我們習以爲常的慣性，而我們要做的是去除無意義的老舊模式，讓我們的生命能量得到更高的拓展。這個慣性思維就是悲劇事件不斷重複上演的因，當我們開始覺醒，正視自己，循到因的種子後，不逃避，不阻抗，願意眞正拔掉細胞裡的淤結，才是我們改變命運的開始。

在我們眞正覺醒後，就會靜下心來去揣悟生命裡發生的所有事件背後，究竟蘊藏著什麼樣的目的與意義？甚至我們能探究出不可思議的命運軌跡背後有沒有什麼隱藏的秩序？如果我們活在這個世界上，又要依循什麼天道或法則呢？慢慢得我們就會走上追求眞理之路。然而這個眞理，是屬於我們自己的眞理，並非他人所能言傳的。我們唯有自己去發現自己的眞理，才能證悟到天道法則。我們不能假借他人之手，也不能依賴任何一種宗教，宗教只是在強調清規戒律，一堆教條而已。我們只有通過不斷深入的探究生命旅程中的每件人，事，物，才能去發現個中深意。同樣我們無法借助和依賴任何一位導師，或者大師，我們必須自己去探索生命的意義，去拆解命運的禮包，才能獲得屬於自己的智慧。因而我寫此書也是希望將自己的探索過程與方法分享給大家，這是我拆解盲盒的實證之路。

眞正的修行必須是，一棒一條痕，一摑一掌血，才能證悟功夫。附庸文雅的心靈雞湯只能緩一時情緒之苦，卻難眞正幫助人心助長力量。有些朋友認爲想要獲得心靈紓解，只要多看靈性書籍就可以了。長此以往，好多人都擁有了一種本事，嘴上功夫了得，但一旦動手做事，就會束手無策。辭藻華麗的靈性妙語張口就來，博古通今的佛言佛語也是滾瓜爛熟。然而問其現實生活，卻是一塌糊塗。這樣只是僅僅停留在理悟階段，連體悟的感受和消化都沒有，更別提證悟了。只能算是靈性浪潮追隨者，算不上眞正的修行。

古代禪師們常把修行比喻爲「火中生蓮」「大死大活」，可見眞正的悟道，必是一場脫胎換骨的人格轉化和浴火重生精神涅槃，這也是本書取名的原由。但願閱讀此書的每位朋友，都能實現自己的涅槃重生和脫胎換骨。

《生命的禮物》後記

每一個嬰兒的出生，都承載著一份造物主的期許。1985年的9月，我的胖娃娃嘎嘎墜地，伴隨著她吸入的第一口地氣，我就知道，她終於要開始面對人世間的各種苦難了。這是一場崎嶇顛簸的人生旅程，她是否能在每一個人生岔路口找到任務卡，選擇正確的方向？她又是否能從跌落的深坑中咬緊牙關站起來，用盡全力想到解決辦法，然後爬出泥潭？她是否能在經歷的每一件事的背後都找到意義，收集線索，讀懂宇宙法則這本無字天書，最終走到頂端與我匯合？

縱使我懷著千般萬般的忐忑不安，也要選擇去相信這個孩子，相信她能依著自己的本心，

照亮前方的路，穿越磨難，獲得痛苦背後的智慧，最終與我相遇。

高靈對於化身無條件的愛，就是指引化身進行內在成長探索，不斷提升自主意識的維度，直到他們能用高維意識生活在這個地球上，與高我合一共同攜手創造體驗這段人生。

在這三十幾年的人生裡，阿雯的每一個苦難都成了她內在成長的良機。從小孤立無援的成長環境，教會了她精神獨立；在曖昧不清的情感裡，讓她學會主動選擇；在最痛徹心扉的同妻短婚裡，讓她明白發心的重要性；在長期與家族對抗的壓力下，考驗她是否能始終堅持內心。一個又一個的險灘她走得孤獨卻又堅定。但是最後我們更是給她出了一道本就是僞命題的「雙生火焰」，用一個被廣爲流傳的錯誤答案，去考驗她是否眞的理解愛，能夠辯識愛，並且學會愛。在夢幻泡影的相中，考驗她是否能發現一份隱祕的眞愛。

她果然不負所望，卽使面對再小的事情，她都能學到背後的意義，提煉出智慧變成自己的品質，落實到以後的生活中。就是帶著這樣時刻保持覺察，反求諸己的處世態度，才養成了她虛懷若谷，質眞若渝的內在品質。最重要的是，她始終帶著一顆正直善良的心，用自己的善念善行，一腳一個血印，踏踏實實走通了這條天路。這也是在這30多年來，無論她遇到什麼挫折都可以再站起來的本質原因，因爲人的品質與發心，是構建生活中一切外相的基石。

她是眞正的雙生火焰通關者，無論是一陰一陽的分裂能量，還是兩個靈魂的高靈業力，她都完美的完成了合一與解綁。也同樣感謝我的另一個化身蒽花。她們帶著最純粹的無我利他之心，彼此照拂一路相伴。這份眞摯的友誼，讓這一陰一陽的力量互愛共生，穿越了最爲兇險的涅槃重生之路。

「天行健，君子以自強不息；地勢坤，君子以厚德載物」，阿雯的前半生就是這樣襟懷坦蕩，光明磊落，她當之無愧稱得上是正人君子。

阿雯與蒽花是我最傑出的兩個作品，感謝她們從未放棄過自己，感謝她們秉著破釜沉舟的決心和一往無前的勇氣，在靈魂道路上一路披荊斬棘。

長風破浪會有時，直掛雲帆濟滄海。希望阿雯的故事能夠或多或少的影響到你，也給每一個在自我成長道路上探索的化身一個鼓勵，你們也可以成爲下一個阿雯。

金色寶光妙行成就如來濟全

國家圖書館出版品預行編目資料

生命的禮物——超越自我重生涅槃之旅／壹靈雯著. --初版.--臺中市：白象文化事業有限公司，2024.4
面； 公分
ISBN 978-626-364-270-6（平裝）
1.CST: 靈修
192.1 113001653

生命的禮物——超越自我重生涅槃之旅

作　　者　壹靈雯
校　　對　壹靈雯
發 行 人　張輝潭
出版發行　白象文化事業有限公司
412台中市大里區科技路1號8樓之2（台中軟體園區）
出版專線：（04）2496-5995　傳真：（04）2496-9901
401台中市東區和平街228巷44號（經銷部）
購書專線：（04）2220-8589　傳真：（04）2220-8505
出版編印　林榮威、陳逸儒、黃麗穎、水邊、陳媁婷、李婕、林金郎
設計創意　張禮南、何佳諠
經紀企劃　張輝潭、徐錦淳、林尉儒
經銷推廣　李莉吟、莊博亞、劉育姍、林政泓
行銷宣傳　黃姿虹、沈若瑜
營運管理　曾千熏、羅禎琳
印　　刷　基盛印刷工場
初版一刷　2024年4月
定　　價　280元

缺頁或破損請寄回更換
本書內容不代表出版單位立場，版權歸作者所有，內容權責由作者自負